# 海上丝路

有故事的城

杨冬儿◎著

《从丝绸之路到『一带一路』》丛书

电子科技大学出版社
University of Electronic Science and Technology of China Press

图书在版编目（CIP）数据

海上丝路：有故事的城 / 杨冬儿著 .
一成都：电子科技大学出版社，2018.6（2025.4重印）
ISBN 978-7-5647-3084-0

Ⅰ . ①海… Ⅱ . ①杨… Ⅲ . ①城市史—世界 Ⅳ .
① K915

中国版本图书馆 CIP 数据核字 (2017) 第 262182 号

**海上丝路：有故事的城**

HAISHANG SILU YOU GUSHI DE CHENG

杨冬儿　著

策划编辑　杨仪玮　卢　莉
责任编辑　卢　莉
出版发行　电子科技大学出版社
　　　　　成都市一环路东一段 159 号电子信息产业大厦　邮编：610051
主　　页　www.uestcp.com.cn
服务电话　028-83203399
邮购电话　028-83201495
印　　刷　三河市天润建兴印务有限公司
成品尺寸　155mm×230mm
印　　张　11
字　　数　148 千字
版　　次　2018 年 6 月第一版
印　　次　2025 年 4 月第五次印刷
书　　号　ISBN 978-7-5647-3084-0
定　　价　79.80 元

# 总序

纵观2014—2015年的中央和地方各级政府的工作报告，除了"新常态"的话语，提及最多的一个热词便是"一带一路"。各级政府积极部署"一带一路"，以分享习近平这一高屋建瓴的伟大战略的红利。

"一带一路"是"丝绸之路经济带"和"21世纪海上丝绸之路"的简称。今天，这个跨越时空的伟大构想顺应当代和平、发展、合作、共赢的时代潮流，开始在世界政治、经济的版图上从容铺展，同时它承载着丝绸之路沿途各国发展、繁荣的共同梦想，赋予古老的丝绸之路以崭新的时代内涵。

光辉的构想也把中国人的思绪带入历史深处，遥想当年西汉盛世，汉武帝威风凛凛，金戈铁马横扫匈奴的荣光；穿越1500年遥远而苍凉的丝绸之路，回味2000多年前的那条连接东西方的交通大道——丝绸之路在世界版图上延伸，诉说着沿途各国人民友好往来、互利互惠的动人故事。

驼铃声声，帆影幢幢。古老的丝绸之路横贯欧亚，它以2000多年前张骞出使西域为起点，东迄古都西安，经陕西、甘肃、新疆，越过帕米尔，再经中亚、西亚，西至地中海沿岸，没有哪一条国际通道有如此惊天动地的历史贡献。在古老的丝绸之路上，各国人民谱写了千古传诵的光辉篇章，共同促进了世界文明的进步。古老的丝路犹如一条川流不息的历史长河，汇聚着东西方不同地域和不同民族文明成果的涓涓细流，漫长而久远，美丽而苍凉。其深远影响已延续至今。2000多年过去了，中西交通早已发生了很大变化，而

"丝绸之路"这一美好的名字却依然作为中西友好往来的象征为人们所称道。

在古代,丝绸之路是传播友谊之路,也曾经是被战争的铁蹄践踏过的险途。交织着东西方文化梦想的丝绸之路,见证了中国历史传承发展的命运,展现了东西方文明相互传播、融合的全过程。今天,人们已经忘却昔日这条路上曾经有过的苦难,而把它看作是连接东西方文明的纽带。近年来,联合国教科文组织更是把丝绸之路称作"对话之路",以促进东西方的对话与交流。

中国历史上最长的路是丝绸之路,最能体现中华魂魄的是丝路精神。丝绸之路所包含的深厚内涵、所承载的文化精神,已经远远超出了"路"的概念。古代丝绸之路是一条"繁荣""开放""和平""友谊"的大道,而这4个形容词其实也就是古代丝绸之路的精神所在。在古代丝绸之路上,和平合作、开放包容、互学互鉴、互利共赢的丝绸之路精神薪火相传,成为沿线各国人民友好往来的见证与纽带,其核心内涵就是开明精神、开放精神和开拓创新精神。

丝绸之路是一条世界上最长的有着非凡贡献的古老商路。是她,横跨占世界陆地1/3的欧亚大陆,万水千山一线穿。这一道无比深长的路,即使在今天,人们也很难徒步穿越那些深山大川、茫茫大漠、万里荒原,然而,人类却是靠着这样坚忍不拔的步履,从远古一步步走到今天的强大。

丝绸之路是一条横亘于欧亚大陆的文化交通之路,也是世界文化展开的中轴之路。全球许多文化线路连接着各个伟大的文明,也创造着世界历史。丝绸之路无疑是其中最重要的一条。丝绸之路沿途是世界主要文化的发祥地,埃及文明、美索不达米亚文明、印度文明、中国文明等都在这条道路上融会贯通。它像一张巨大的跨区域的交通网络,将世界不同地域的文明古国连接在一起,也可以说,世界上最大最古老的文明国家都曾与这条丝绸之路发生过联系,如中国、埃及、希腊、罗马、印度、波斯、阿拉伯等。东西方不同民族地区的政治、经济、宗教、文化、艺术，都在这张网络中得到了传播、交流与融合。这是一条不同文明、不同民族交流与融合的文化之路，也是沟通中国与欧亚大陆的友谊之路。丝绸之路，犹如一条彩带，将古代亚洲、欧洲和非洲的古文明串联在了一起。

20多个世纪以来，它把中国人民奉献给人类的以丝绸和指南针、火药、造纸、印刷术为代表的科技成果转化为世界人民的共同财富，也将佛教、景教和伊斯兰教及其相关的艺术引入中国，在世界人民之间架起友谊的桥梁。

它就是古老的丝绸之路。这千年的古道至今还在启迪着我们，还在深沉地呼唤着我们……

让我们的思绪随着历史的足迹漫步。在2000年前的汉朝，张骞出使西域，开拓了第一条丝路，贯通中国与西域，缔造了灿烂的汉唐文明。当时，也正是西方罗马帝国强盛之时。其实，在汉之前，丝绸之路就已出现，最早出现在中国的周朝和秦汉时期。早在公元前13世纪，至少远于中亚的地区就已经开始向中国扩散商贸、技术。有关中国与西方交往有文字记载的最早文献是《穆天子传》。公元前10世纪，周穆王朝拜西王母之地便在西北塞外的祁连山南麓。根据考古发掘证明，中国丝绸在公元前12世纪就已经存在。欧亚大陆间技术、贸易交流的起始时间，远超汉朝的"张骞通西域"。

中国是世界上第一个养蚕制丝的国家。公元前139年，西汉著名的外交家、旅行家张骞将中国人的眼界引向了西方，并促成汉通西域，开辟了著名的丝绸之路，从此中国真正走上了世界的历史舞台。公元73年，为确保因战争所阻的丝绸之路能畅通无阻，班超和他的36名随从出使西域。其副手甘英到达了大秦（古罗马）并转道波斯湾，扩展了原有的丝绸之路。至此，一条长7 000公里，穿越广阔田野、无垠沙漠、肥沃草原和险峻高山的安全通道便将中国的古都长安（今西安）和地中海东岸国家联系起来了。中国境内的丝绸之路总长4 000多公里，约为丝绸之路全程的1/2。丝绸之路从此正式成为中国联系西方的"国道"。

"丝绸之路"（Silk Road）一词并非中国人所创，这一说法最早来自于德国地理学家费迪南·冯·李希霍芬（Ferdinand von Richthofen）于1877年出版的《中国——亲身旅行的成果和以之为依据的研究》，有时也简称"丝路"，这个词迄今已使用百余年了。该书首次将汉代中国和中亚南部、西部以及印度之间以丝绸贸易为主的交通路线称作"丝绸之路"，继而延伸到叙利亚及遥远的西方。今天，该词被全世界学术界所公认。

丝绸之路是个形象而且贴切的名字。中国是丝绸的故乡，在古代世界，中国是最早开始种桑、养蚕、生产丝织品的国家。近年中国各地的考古发现表明，自商、周至战国时期，丝绸的生产技术已经发展到相当高的水平。中国的丝织品迄今仍是中国奉献给世界人民的最重要产品之一，它流传广远，涵盖了中国人民对世界文明的种种贡献。

多少年来，有不少研究者想给这条道路起另外一个名字，如"玉之路""宝石之路""佛教之路""陶瓷之路"等。因为在丝路开通之前，位于丝路中央位置的帕米尔高原西侧，是久负盛名的蓝宝石产地，这里所产的宝石在很久以前就被运往地中海沿岸。此外，在帕米尔高原东侧的塔里木盆地西南的和田，以出产玉石而闻名，中国自古以来都以此处所产玉石为上乘之品而极为重视。这些都说明在丝绸之路开通以前，以帕米尔高原为中心至西亚诸国的"蓝宝石之路"和通往中国内地的"玉石之路"就已经开通了。

然而，这都只能反映丝绸之路的某个局部，而终究不能取代"丝绸之路"这个名字。丝绸之路是历史上横贯欧亚大陆的贸易交通路线。在经由这条路线进行的贸易中，中国输出的商品以丝绸最具代表性。由此，人们把"丝绸之路"的概念扩大为整个古代的中外经济及文化交流。丝绸之路的兴盛，不仅仅是货物商品的贸易往来，更是文化、思想、宗教、民族的交流和大融合。

研究丝绸之路，首先要明确丝绸之路的真正内涵。提出"丝绸之路"这一概念的初衷是表达丝绸在中西交通和商贸中的代表性，尤其强调的是强大的西汉王朝怎样利用这条中西交通线向西开拓，怎样"凿空"西域并经营西域广大地区。

随着"一带一路"倡仪从提出到付诸实施，丝绸之路在沉寂了数个世纪之后，又重新焕发了它往日的光彩。如今，人们又可以沿着这条历史之路尽情游览绮丽的西域风光，探访引人遐思的古迹，欣赏艺术荟萃的石窟、佛龛和文物……而这一切无不使人感受到"太平洋时代"来临之际正在腾飞的中国的魅力。

"一带一路"是迄今世界上跨度最长的经济大走廊，中国是这条走廊的出发点。这条走廊贯通亚洲乃至欧洲部分区域，东牵亚太经济圈，西系欧洲经济圈，是世界上最具发展潜力的经济带。"一带一路"建设如同一根彩线，把东方文明、西方文明、阿拉伯文明、恒河文明的珍珠串在了一起，构筑了一幅人类文明史上的动人图景。古老的丝绸之路对欧亚地区经济的发展具有很大的推动力，也为此做出了很大的贡献，它是中国人的历史光荣，复兴丝绸之路是我们的历史使命。"一带一路"倡仪的实施和建设必将为复兴丝绸之路赋予新的活力。我们在继承古代丝绸之路所留给人类的宝贵遗产的同时，更需要从当今时代背景出发，开创现代丝绸之路的辉煌——打造"新丝绸之路"。

本书编委会
2018年4月

# 拾取——那些有故事的记忆

在这本书起笔处，冬儿用上了"记忆"这个词汇。对于我这样一个相信轮回的女子来说，前世与今生的一切故事，都有着一种极具吸引力的魔力，总相信每一个流浪在红尘俗世中的人都是有前世的。也因为这样，所以每一个人的身上便保留着弥足珍贵的记忆。或许今世尘寰，我们已经将往昔尽数遗忘，可是这些记忆，却仍然在历史长河之中化为点点斑斑的精彩故事，如同星星，照亮了时空的长夜。

当然，这样的一本书，并不是要来讲述那些关于一个人的前世今生的故事。这是一本关于记录中国古代海上丝绸之路沿途城市的书。我不敢说这样的一本书，是自己原本思想的表达，因为深知自己还没有那么深厚的文化底蕴独自去驾驭这样的历史。在这样的一本书中，我只是化作一个搬运工，一个在诸多历史资料中来回忙碌的搬运工，把那些散落在各处的关于海上丝绸之路的点点滴滴累积起来，汇集并且将之整理成书籍。这才是我创作本书的初衷。

众所周知，海上丝绸之路是指古代中国与世界其他地区进行经济文化交流的海上通道。古老的海上丝绸之路从中国沿海港口起始，向北通向朝鲜半岛和日本列岛，向南先到达东南亚诸国，再向西进入印度洋以及红海。从某个角度来解释，海上丝绸之路便是一张由当时东西海洋间一系列港口网点组成的国际贸易网。

关于海上丝绸之路最早的记录可以追溯到汉代。当时，由于中国南方沿海山多、平原少，且内部往来不易，地方诸侯也需海外资源交易以维持统治，而东南沿海则借助了夏、冬季的季风助航，为海上航行作业增加了极大的方便性，因此古代中国沿海很多地方都有此项交流。

到了唐宋元三朝的繁盛期，中国境内海上丝绸之路主要由广州、泉州、宁波三个主港和其他支线港组成。其中，广州从3世纪30年代起成为海上丝绸之路的主港，唐宋时期成为中国第一大港，明清两代为中国唯一的对外贸易大港，是中国海上丝绸之路历史上最重要的港口，也是世界海上交通史上唯一的两千多年长盛不衰的大港，可以称之为"历久不衰的海上丝绸之路东方发祥地"。

于是，关于海上丝绸之路的故事也就随之开始了。这些林林总总的故事看似不同，但其实都有一个共同点，那就是围绕着"海上丝绸之路"而产生。这有时会让人产生一定的错觉，觉得这些城市的故事，说到底都是千篇一律、大致相同的。

假若你静下心来仔细品阅，你终究能够在这一篇又一篇的美文中，发现最为出彩的亮点。或许你也会自此爱上这样的一段历史，并深深地折服其中，如同此时此刻的我一般……

在这本书的写作过程中，我引用了众多前人、专家、学者的诸多文献资料。由于个人水平有限，书中难免会存在各种瑕疵或者遗漏，有争议之处，请各位专家与老师不吝斧正。

杨冬儿

2016年2月3日

# 目录

# 第一章　广州——在任嚣花城中寻找昨日记忆

　　在古老、蜿蜒的海上丝绸之路上，有一座没有冬天的城市——广州，它以繁华阅尽、恬静清逸的姿态坐落于广东省中南部，是海上丝绸之路的起点之一，自东汉时起，广州西航印度的商人或使者就与海外世界发生了直接贸易关系，西晋时得到了初步发展，到唐末时期，从广州始航的丝绸之路成为16世纪前世界上最长的远洋航线，明清时代，从广州港起航的海上丝绸之路已发展到极盛时期。

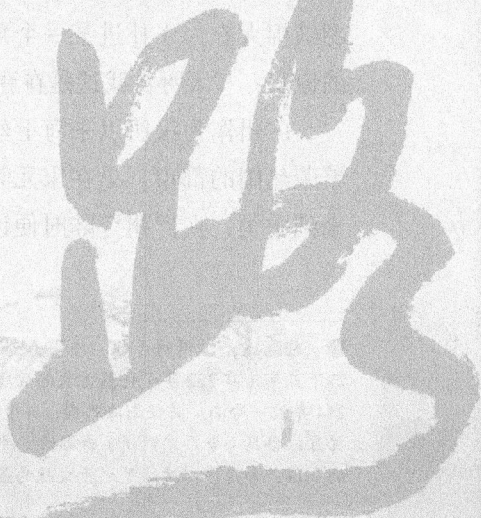

一

你可曾感受过一座没有冬天的城市，终究是种什么样的景象？你可想象得出置身于这样一座不见寒冷、不闻寒风，你不会被冻得瑟瑟发抖，且从不下雪的南方之城，将留给你怎样一番难以磨灭的印记？

或者，你应该跟着我一起，在腊月的某一天中，背着一个背包，带着一个相机，穿着一双磨得陈旧的牛皮靴子，到这座城里头去，寻找那些零零碎碎的、属于昨日的记忆——任嚣城❶。

我总爱用这个陈旧得犹如长满绿苔的称呼来呼唤眼前的这座城池，尽管它还有个香气四溢的名字——"花城"。

冬夜来袭，这里的每一条街道开始变得灯火辉煌，明亮、耀眼。

"热火朝天"是唯一的印象。

终究忍不住的时候，你会想要迫不及待地脱去身上厚而笨拙的羽绒棉大衣，飞扑进某一个角落。然后下一秒钟开始，便会响起你的惊叹："天呀！我这是在春天里吗？"

广州作为汉唐以来海上丝绸之路的始发港口之一，向来便是座繁荣热闹的都市。早在宋元时期，意大利旅行家鄂多立克从威尼斯来到中国，在广州登陆时便说，广州是"一个比威尼斯大三倍的城

---

❶ 任嚣城，广州的古称。任嚣（？—前206年），秦朝将领，第一代岭南王。秦始皇二十五年（前222年）任嚣首次领兵攻打岭南，失利。后与赵佗再率军入岭南，于公元前214年统一岭南。首任南海郡尉，并节制岭南南海、象郡、桂林三郡，故称"东南一尉"。任嚣以番禺（今广东广州）为郡治，修筑番禺城，史称"任嚣城"。任嚣城虽是"袤四里"的小城，却是广州建城见之于文献的最早可靠记载，为广州之始。

市，整个意大利都没有这个城的船只多"。❶即便是在清朝闭关锁国时期，广州仍是中国唯一对外开放的港口，并因此而垄断全国外贸，成为中国最早的对外通商口岸。

每每走进广州，我的耳边都会回响起一声声自遥远的西汉初年流传至今的破浪号角。正是这一声声早已烙印在历史洪流之中的荡气回声，轻而易举地便将你我的灵魂拉回到当年汉武大帝平定南越国后，派遣使者沿着百越民间开辟的海上航线，从广州出发，带领船队远航南海和印度洋，经过东南亚，横越孟加拉湾，到达印度半岛的东南部，抵达锡兰的历史场景之中。

闭目而思，好好感受一番当年这一壮举的伟大与非凡之处吧。汉武帝时期开辟的这一条海上航线，正是一个时代崭新的起跑线。这条起跑线，在惊涛骇浪之中日益澄明，迎风航行，它标志着海上丝绸之路的发端，意义非凡。

一艘艘小小的帆船，乘风破浪，沿着海岸线航行至辽阔无边的大海，它满载着琳琅满目的货物游走于世界各大港口之间，于无形之中拉动了中国与世界各国之间紧密非凡的联系。

于是接下来呈现的三个要点，迎来了魏晋南北朝时期海上丝绸之路的蓬勃发展。

首先，造船技术进一步提高，能造"载六七百人，物出万斛"的船舶；其次，国际贸易扩大商品交换量，特别是罗马帝国需要大量的丝绸；再次，对外贸易利润很高。所以，通过广州来中国经商的国家和地区大大增加，多达15个。

记得刘禹锡曾赋诗："连天浪静长鲸息，映日帆多宝舶来。"当年他便是为珠江口岸之上那一派"大舶参天""万舶争先"的贸易景象所深深感动而随口吟哦的。

翻阅当初关于这段时期的史料记载，当年那条名为"广州通海

❶ 鄂多立克：《鄂多立克东游录》，何高济译，北京：中华书局，1981年，第64页。

夷道"❶的著名航线在当时中国与南洋以及波斯湾地区的六条定期航线之中尤为突出。

"广州通海夷道"从广州起航，越过南海、印度洋、波斯湾、东非和欧洲，途经100多个国家和地区，全长共1.4万千米，是当时世界上最长的国际航线。

正是这条航线所带来的勃勃生机和无限契机，使当时的广州城成为海外交通的中心、对外贸易的第一大港。

<h1 style="text-align:center">二</h1>

每到一座城池，我都爱打探关于那座城的传说和故事。

坐落于广州市黄埔区庙头村的"南海神庙"便是一处汇集着传说与历史印记的所在。

找一个绝好的角度站定，凝望着深藏于"海不扬波"的石牌坊内的景致，我国古代南海神庙中唯一遗存下来的最完整、最具规模的建筑群跃入眼帘。

南海神庙紧紧连接着古码头，自古时起出海航船或来自远方的航船，都须经过南海神庙的这个古码头。众多商船经过这里均会停下来上庙拜祭，以祈求航路平安、生意顺利。于是，神庙附近的扶胥镇便商旅云集，民间庙会交易频繁。千多年来，它承载着多少人心中美好的梦想与期盼，威严屹立，千年依旧，听尽了红尘之中磅礴的潮水之声。

传说唐朝时，波罗国有来华朝贡使，回程时经过广州到南海神

❶ 贾耽：《古今郡县道·四夷》，载欧阳修、宋祁：《新唐书·地理志》卷四十三，北京：中华书局，1975年，第1146页。又见方豪：《中西交通史》上册，上海：上海人民出版社，2006年，第169—170页。

庙，登庙谒南海神，并将从波罗国带来的两颗波罗树种子种在庙中。贡使因为迷恋庙中秀丽的景致，流连忘返，因而误了返程的海船，于是望江悲泣，并举左手于额前做望海状，希望海船回来载他，后来立化在海边。人们认为朝贡使是来自海上丝绸之路的友好使者，将其厚葬，按他生前左手举额前望海舶归状，塑像祀于南海神庙中，并给他穿上中国的衣冠，尊其为达奚司空，宋高宗绍兴年间（1131—1162 年），还封达奚为助利侯。由于他是波罗国来的人，又在庙中植下波罗树，还天天盼波罗国船回来载他返国，所以村民俗称此像为"番鬼望波罗"，神庙也因此被称为"波罗庙"。后人有一首咏达奚司空诗，生动形象地描写了这位极具传奇色彩的人物。诗云：

临流斫额思何穷，西去孤帆望眼空。

屹立有心归故国，奋飞无翼御长风。

忧悲钟鼓愁王膳，束缚衣冠苦汉容。

慰尔不须怀旧土，皇天雨露自来同。

后世好多人都在考证达奚司空的具体身份，但一直没有定论，无论如何，达奚司空传说的出现，便足以证明中外友好往来的史实。唐朝时期，广州的海外贸易已非常繁盛，不少外国人亦来华经商。

由于历代皇帝都曾经派遣官员到庙中举行祭典，因此便有了无数珍贵的碑文。这些被篆刻在石壁上的文字，又让神庙获得了一个"南方碑林"的美称。

到了南海神庙，又怎能不去欣赏"浴日亭"这一处景致呢？传闻唐宋时期，这里三面环水。人立于亭中，前临大海，茫茫无际，东连狮子洋，烟波浩渺，夜幕渐退，红霞初现，万顷碧波顿时染上一层金光，一轮红日从海上冉冉升起之际，有一半仍沉在大海之中，壮观至极。"浴日亭"为海上日出的最佳观看点之一，自宋代流传而来的羊城八景之一的"扶胥浴日"指的便是这里的日出景色了。

历史沧桑变幻，今日人面已非旧日青春，唯独南海神庙袅袅娜娜的烟火绵延不绝，在如白驹过隙的岁月流光中，留下了属于它的历史记忆。

南海神庙的兴旺，是广州海上贸易繁荣的历史见证。在这里，你能够很轻易地找到许许多多历史遗留下的印记或文物，如御赐的碑文、名人题字等；除此之外，你更容易发现的，是感恩，是人们心中那一份真挚的对庇佑他们自己或者亲人能够一帆风顺、平安大吉的南海神的感激之情。

南海神庙像是一位历史老人，亲眼见证西汉以来海上丝绸之路发源于广州的历史，是广州对外交通和对外贸易繁荣的一个缩影。

# 三

身临羊城，看尽南海神庙袅袅不绝的香火之后，你又怎能不往"五羊雕塑"一走呢？兴许在那里，你能如我一般，遇见那位长着花白胡子的老爷爷，兴致勃勃地向你讲述那个神奇而有趣的传说。

老爷爷的声音苍老安详，顷刻你便觉得置身缥缈祥云之中。

"老祖先传下来的故事，说是周夷王八年（前887年），广州但见海天茫茫，连年灾荒，田野荒芜，农业失收，民不聊生。一天，南海的天空上忽然仙乐缭绕，柔美悠扬。随后又出现了五朵彩色祥云，上有五位仙人，身穿五色彩衣，分别骑着五色仙羊。每只羊都口衔着'一茎六出'的优良稻穗。仙人把稻穗赠给了广州人，并祝愿此处五谷丰登，永无饥荒。祝罢，仙人骑彩云腾空飞逝。而五只仙羊因依恋人间，便化为石头留了下来，并一直保佑着广州风调雨顺。从此，广州便成了岭南最富庶的地方……这就是广州的别名'穗城''羊城'名称的由来。"

老爷爷讲着讲着，脸上不觉洋溢出幸福的笑容，见他一脸笑意，让人骤然间有了错觉。咦！白须缕缕，腾云驾雾降临人间。他该不会就是传说中的五位仙人之一吧？

更让人兴奋的是，如果眼前的他当真是位老神仙，得见神仙岂不是表示我"仙缘"匪浅，颇有慧根？再不然，就是"五彩祥云"的桥段让人沉迷了。

想想那些曾经来回穿梭于海上丝绸之路的前人智者们吧，他们身上那份不惧风浪、不畏艰险的坚毅，正是千百年来丝绸之路传承蜿蜒的精神与气节所在。思量至此，感动之余，缓缓抬头才看清天幕之中太阳被一大片洁净的白云掩盖了，恍惚之间好似看到了五彩祥云。

云朵很薄，竭尽自己微薄的力量用身体挡住太阳，而太阳被掩埋在云朵里，不服气地放射自己的光芒，在云朵最薄的周围，阳光呈现出来的颜色是五彩的，仿佛是彩虹，却比彩虹浓烈得多，比起彩虹弯弯的一小条更阔气，颜色也鲜艳得多。在湛蓝的天空里肆无忌惮地亮着。

我一直仰着头盯着这奇妙的景象，笑道：难道是五位仙人又骑着五只仙羊降临人间了？

想到这里，便可心满意足地笑了。

# 四

但凡一座古老的城池，都会有不止一座的石牌坊存在，古老、破旧，甚至历经风霜的牌坊会一直孤单地矗立在它应该在的位置，无声地诉说着它记忆中的故事。

据说，"楚庭"是广州最早的称谓，越秀山上有清代建的一座石牌坊，坊上书写着"古之楚庭"四个大字。"楚庭"又是一个极富诗意的称呼。不少史籍将"楚庭"视为广州的雏形。

在日趋摩登的建筑与现代化的机械以及轮胎在城中交错而过的时刻，谁曾想起这座曾经被唤作"楚庭"抑或其他名字的城池之中，尚且弥留着几个古老而不肯离去的魂灵？

他们一直徘徊在这片土地上，每一块砖头、每一块石头甚至每一粒细沙都有可能埋藏着一段唯美的记忆。

历史的记忆，永远记得秦始皇三十三年（前214年）平南越后，设立了桂林郡、南海郡、象郡三郡，广州即为"南海郡"。"南海郡治"和"番禺县治"就是今天的越秀区，"南海郡尉"任嚣在番山、禺山上（今中山四路、仓边路附近）修筑了"番禺城"。因此，这座城池又有了另一个名字——"任嚣城"。

这仅仅只是故事的开始。

时光镜头在眼前迅速推移，在时间的长河中游弋，穿过光与影的重重交叠，一直来到这座城的三世之前的秦朝末年，骤然觉得天幕中尚属于秦时的月亮已渐渐变得不再明朗。

秦末大乱，公元前208年，任嚣病故。赵佗继任南海都尉。公元前204年，赵佗兼并了桂林郡和象郡，占据了岭南，建立了疆土"东西万余里"的南越国，定都"番禺"。南越国成为岭南地区建立的第一个王国。

想到这里，我不禁莞尔，从"楚庭"到"任嚣城"再到"番禺"，究竟还有多少个关于这座城的名字尚未一一揭晓呀？

无声的城市就像是一块海绵，吸收着所有涌流不断的关于历史记忆的潮水，并因此渐渐沉淀，随之膨胀。

到了公元前113年，南越国丞相吕嘉叛乱，立赵建德为南越王，并联络东越（今福建境内）发兵反汉。次年，汉武帝调集十万大军分兵数路进军南越国，平定南越叛乱，一把火烧了南越都城番禺，并在岭南设置交趾、南海等9个郡进行管理，设交趾刺史部按察管理。其中，南海郡治仍为番禺。

217年，东吴交州刺史步骘将州治迁回番禺，扩大城池，然后这座纷争连年的城池又有了一个崭新的名字——"步骘城"。

挺喜欢"步骘城"这个名字的。想起年少时爱玩的电脑游戏《英雄无敌》，里头不就是有名为"步骘城"的城市么？

"骘"，雄马，威严而英俊的雄马。试想下骑在这匹骏马上翩然而至的威严君王，是不是就是童话里头所谓的"白马王子"呢？

"我的梦中情人，他是一位盖世英雄，我知道有一天，他会穿着金甲圣衣、骑着白色骏马来到我的面前。"

但是这回，来的再不是至尊宝了。而是孙权。

226年，孙权将交州分为交州和广州，"广州"由此得名。统辖南海、苍梧、郁林、高梁四郡。227年，广州又并入交州。264年，复置广州，州治设在番禺，下辖南海、苍梧、桂林等郡。1646年，南明绍武帝朱聿𨮁在广州建都。乾隆二十二年（1757年），清政府实行"一口通商"，广州成为唯一的对外通商口岸。外国商人来华交易，都要找指定的行商作为贸易的代理，这些指定的行商所开设的对外贸易行店，就是"十三行"……

人就是这样。偶尔接触历史，探究某段属于某个人、某段时期的回忆，是件不错的事情。通过这样的接触和探究，你觉得自己十分的知性与雅致。但是一旦泛滥了，又会觉得自己堕入了某一个漩涡之中，沉重的记忆会拉着你不住地往下沉潜，你不住地挣扎，最终不由自己，坏了本该有的兴致。

思量至此，不由分说，我立马背起背包，直奔越秀山下而去。

有时候，历史与故事，不要过多地追究，也不要过多地苛求，恰如其分、不多不少便好了，且将它留在某个角落里吧。

这样的道理，无论对人、对事抑或是对于感情，都是一样具有说服力的。

时光荏苒，前事故人，总会在某个点或面上引人回忆，深深怀念。时光总是流逝得太快，瞬息之间，红颜白发，聚散匆匆，留给彼此的，往往只是一个飘忽而过的背影。

# 第二章 汕头——在美丽鮀城中寻找悠然潮韵

　　在北回归线与中国大陆海岸交汇处，有一座城屹然而立。它的名字叫作汕头。汕头地处广州与泉州之间，是当时海上丝绸之路的重要通道之一，其在隋代就已打通海上通道，唐代时随着陶瓷贸易的发展，从汕头出发的这条海上丝绸更加扩展，并促进了东西方的文化交流。

　　且让你我沿着汕头的老街缓缓前行吧，细细寻找这座城中那些与"海上丝绸之路"有着千丝万缕关系的点点滴滴，然后，你会发现，你的一颗心不知从何时开始，便已经融化在扑面而来的悠然潮韵之中……

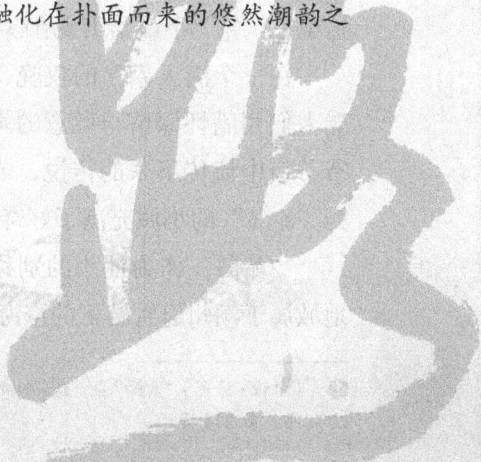

一

漫长的海岸线、迷人的岛屿、蔚蓝的海水、金色的沙滩、轻拂的海风、片片的白帆,风情万种的亚热带海滨风光让人为之流连忘返。

唐宋凤岭古港、宋元辟望古港、明清樟林古港、鸦片战争后至今的汕头港,均可依稀让人看见当初"商船辐辏,千帆竞发"之盛况。"南澳Ⅰ号"、红头船的打捞成果向世人再现了海上丝绸之路航线和发达的古代远洋造船技术……深沉的历史蕴积,让人为之震撼。

而这一切,均从这座古老的、被称之为"鮀岛"的小城开始。

鮀,"鱼"与"它"合体而成的一个方块字。初次接触,让人颇为费解。

"鮀"是什么?"鮀岛"又为何意呢?

有一种说法,"鮀"即是吹沙小鱼,在《尔雅》之中的"鲨"即为"鮀"。而晋郭璞则注:"今吹沙小鱼。体圆而有点文。"❶

按照《潮汕字典》的注释,"鮀"为尾鳍,可以制作鱼翅的小鲨鱼,这也是"鮀"字最早出现在《潮汕字典》之中的记录。

在一个满天繁星的夜晚,坐在椰风月影的海滨长廊尽头,听着老人们用满怀深情与敬意的声音,讲述着当初那个从老人的爷爷的爷爷口中流传下来的传说,或许你顷刻便会如同我一般,对这座名为"鮀岛"的小城充满了好奇。

"鮀岛"作为汕头的别称,其由来已久。明清时,这座城池的地域属于潮州府管辖下的澄海县鮀浦巡检司。那时这里还未见城郭,

---

❶ 《尔雅·释鱼》"鲨鮀"条。载《四库家藏 尔雅注疏》,郭璞注,济南:山东画报出版社,2004年,第244页。

而仅仅只是一片沙洲。由于它地处潮汕母亲河——韩江、榕江、练江的出海口，桑浦山与礐石山遥相呼应。在三江汇集的地方形成了天然的海湾，耸立在海湾南端的礐石山就像一道巨大的屏障，挡住南太平洋的狂风巨浪。

韩江作为广东的第二大河，每年都会从闽西南、粤东北的山区带来大量泥沙。这些泥沙在韩江下游的若干个入海口处堆积起来，经过天长日久的积淀，堆积成"沙脊"；再后来，露出水面的"沙脊"慢慢长成了"沙洲"；"沙洲"又慢慢地长大，变成了"岛屿"。于是人们开始在这个岛屿之上建造城池，经过一百多年的建设逐渐形成商埠。

那时的海中，常常会有一种被称之为"白吴"的海洋动物成群结队地游走穿梭，时隐时现。只不过当时的人们并不知道，所谓的"白吴"便是如今极为稀有珍贵的"中华白海豚"。

每当成群结队的中华白海豚在海面上浮现之时，远远望去好似在海面上出现骆驼的驼峰。又或者，古时的人们还不知道该如何称呼"中华白海豚"，索性也就将其形象地称为"鮀"。

闭上你的眼睛，试想一下当初壮观的场景吧，大海之上，白浪滔天之中，有"鮀鱼"结队穿梭而游。而陆地之上，从礐石山遥望桑浦山，峰峦跌宕，如同成群的"鮀"在岛边游荡，一时间，"鮀"的影子铺天盖地而来，这座沙洲之上的城池，瞬间便成为"鮀岛"。

## 二

在汕头市澄海区韩江干流东溪的江海交汇处，有一个澄海最古老的村落静静地矗立着，她如同一位脸上爬满皱褶、写满沧桑的老人，向我们诉说着那一段属于她的往昔故事。她的名字就叫莲下镇程洋冈村。

程洋冈村的历史，可以追溯到两千多年以前，那时便已经有先民在这里活动了。而到了唐宋时期，汕头地区最古老的港口——"凤岭港"，便开始兴起。

作为唐代后期海运港口，凤岭古港在唐代海上丝绸之路之中扮演着重要的角色。凤岭古港揭开了丝绸之路粤东港口航道千年历史。"凤岭淤，樟林港兴，樟林港淤，汕头港兴"❶，从凤岭古港的兴起，到樟林古港的中兴，再到汕头港的崛起与繁荣，都记下了粤东潮汕人民的开拓精神，也可称为"红头船精神"。

依旧记得第一次背着行囊走进老村，是在一个春雨迷蒙的清晨。村口那座篆刻着"凤岭古港"的牌坊以及著名国学大师饶宗颐亲笔手书的"粤东襟喉、潮州门户"几个大字，让人不禁对于当年码头的繁华景象产生联翩的浮想。

古村古迹有丹砂寺、凤岭宫、成记巷、永兴街……我迈着轻盈但却小心翼翼的脚步在这个已沉睡了千年之久的古村落之中穿行，不忍心惊醒它的美梦，然而当你细细地寻找、抚摸、阅读那些记载在长满苔藓的、斑驳的墙上的繁华和衰败之时，才蓦然明了，原来历史一直与你我的脚步同在，从未湮灭。

如今仍是村中市场的商业老街，是由永兴街、新兴街等几条街道所组成的，至今已经有一千多年的历史。

漫步在曲折狭窄的街巷中，两侧充满现代商业气息的杂货店、小食店、药店鳞次栉比，与街道两边"遵古法制""源和"等铺号牌匾自然地融为一体，恍惚之间自己便成了当年遗留下来的一缕魂魄，因为仍旧恋着当年的繁盛，于是徘徊千年，仍旧等待，等待着昔日那位手执油纸伞的良人，立于小巷的另一端，为我递上一束带着露珠的丁香花。

---

❶ 陈静莹、李扬：《凤岭古港："海丝之路"粤东始发港》，载《潮商》，2014年第5期。

村中引路的老爷爷告诉我们，永兴街自北宋太平兴国二年（977年）就已经存在了，最初仅仅只是一条小小的街道而已。随着程洋冈航运的不断发展以及规模渐次扩大，永兴街逐渐形成了"之"字形的商贸集市，并且这一格局至今依旧未变。

作为唐宋时期潮汕第一交通枢纽，凤岭古港又名岐岭港、旗岭港，最初的程洋冈，只是因韩江出海口的泥沙沉积、横卧于凤岭及鸡翁山之间的一条沙陇，远观如大梁，遂被称为大梁岗。唐代建村，才改称程洋冈。村名中便包含了"逗于海洋之丘陵"的寓意。

程洋冈村东有南峙山，北有凤岭，西有象山、观音山，形成了一个弧形的自然港湾，从石尾下口又进入潮回头内船坞河海交并，中间有韩江干流直溯潮州，唐代逐渐进入兴盛，宋代已颇为繁荣，是始于唐朝、盛于宋朝的一个潮州对外通洋口岸。

《潮州府志》亦有记载："旗岭港，距城十五里，南洋大洲之北，自韩江发源而来，凡来往客舟多泊于此。"❶当年的场面定是一番别样的热闹与辉煌吧？只要稍微用心加以想象，便仿佛能够看到当年的场景。据引路的老爷爷介绍，当年为满足前后两船坞船民生活，单程洋冈就有商号200多号，在"潮回头"西侧横陇处又有商号近百号，足够船只的出入供应。

老爷爷带着我们，走出古街，走过一片高低林立的民居，来到村口的一片空地上。在一棵须得三五人才能合抱的大榕树旁停住了脚步。他满脸自豪地告诉我们，如今脚站着的这个地方，便是唐宋时期的程洋冈村村前船坞的所在地之一。据说，旧时程洋冈村村前村后各有两个船坞，在潮州生产的瓷器，由小船沿韩江运到村中，装上远海航行的大船；进口的货物也是在此由大船分装至小船，然后沿内陆水道运往潮汕各地。从程洋冈出发的海船，一路北上抵达河北、山东、日本等地，一路向南，下南洋诸国。由于极为关键的

---

❶ 周硕勋：《潮州府志》卷十六，台北：成文出版社，1967年，第213页。

地理位置,在唐宋时期,程洋冈村是潮汕地区的第一交通枢纽,也是"海上丝绸之路"在粤东的重要始发港。

顺着老爷爷的声音向前凝望,眼前碧波连绵的荷塘鱼池、新建的健身文化广场毗邻而立,与远处阡陌纵横的田野遥遥相接,又有谁能够想得到此处的前身,竟然是遥不及边际的汪洋大海呢?

忽然之间,时光好似在程洋冈这里凝固了。一千年的等待,一千年的变迁,是一种什么样的过程呢?你我皆是凡人,自然无法自始至终地感受,但是在凤岭古港这里,这一过程却可以从它那一段斑驳的历史中得到见证。千年时光随缘集散,随着冲积平原的浮聚,港口逐渐南移以至消失,"凤岭古港"的旧貌如今早已经无从得见。但是,你我仍然可以从点点滴滴的考古发现中找到属于凤岭古港的记忆:从1946年起,村中多次发现大船桅。1950年,在古港东南面管陇村打索铺发现缆绳工场,规模很大,遗址达五六千平方米,并出土大量巨缆,目击者言"有碗口粗"。1958年至1960年,在古港边沿还发现大批宋瓷片及船板……

离开凤岭古港的时候,已经是黄昏时分,日落西山之时。站在已有千年历史、雄伟挺拔的"麒麟大树"旁边,朝着它静静地伸展向四面八方的枝干遥望。再到那座自宋朝起便守护在此,保佑"澜安泽国"的妈祖宫前虔诚祈祷,愿流年如水、安逸静好、织梦成锦、岁月如歌……

# 三

背着背包,披散着及腰的秀发,任一路之上的暖暖海风将其轻轻吹拂撩拨,以一种微笑的姿态,沿着汕头港的椰林树影,沿着汕头城蜿蜒交错的老街一直走下去,一种岁月流转、时代变迁的沧桑感不禁油然心生。

沧海明月、暖玉生烟，是岁月匆匆变幻、更迭交替的最好形容，就在这匆忙的易逝流年，许许多多海上丝绸之路的足迹，早已经湮灭在滚滚的历史尘烟之中。可尽管如此，它们还是在点滴寸土之中留下了种种线索。只要有心，你便能在这一些断断续续的线索之中，找回属于某一座城的故事。

在汕头城中，寻访海上丝绸之路曾经的足迹，如今位于汕头市澄海区的樟林古港便是其中一个。

在这块方圆 2 平方千米的土地之上，你依旧能够感受到历史呼吸的声音。

历史的记忆，一直停留在清代康、乾年间，这时的樟林古港是广东较大的港口之一，被誉为"潮郡襟喉"，是当年远负盛名的"潮州红头船"的航泊之地。经历雍正、乾隆、嘉庆、咸丰四朝，一百余年的不断发展、壮大，樟林港埠的红头船已经发展成数十支远航船队，每支船队有红头船不下百余艘。每年季候风刮过之时，这些大大小小、浩浩荡荡的船队便会陆续北上杭州、苏州、宁波、上海、青岛、天津、日本，南下雷州、琼州及安南、暹罗、实叻埠（新加坡）、三宝垄（印尼）、苏门答腊等东南亚诸国，出口红糖、靛蓝、陶器、瓷器、抽纱、工艺、渔网等，又进口大米、豆类、丝绸、布匹、木材、中药及各类洋货、西药等。

在那些已经泛黄的记忆之中，当年粤东和闽南的先民就在这里一批又一批地乘坐红头船漂洋过海，经商谋生，樟林港埠的繁盛时间超过一个世纪。

闭上眼睛，仿佛自己就是立于海边，与情哥哥依依惜别的旧时女子，那一时的天连着海，海连着天，即将离别家园的红头船，载着下海的阿哥，也载着浓浓的牵挂与思念。随波起伏的红头船，明明很近，偏偏很远，终究凝成海平线上的一抹红霞。

时至今日，红头船对当地澄海人以及澄籍侨胞来说，依旧是段深刻的回忆，其中既有苦涩的回味，又有美好的向往。

走在樟林的土地上，用一种无限感慨的情绪去观望这座古港，然后感叹，尘世之中的翻云覆雨手，果然便是时间。时光流逝，带走了青丝，改变了曾经拥有的一切。

昔日的粤东第一大港，如今只是一条狭长河道，距海已有8千米的陆地相隔。唯有错落在河道北岸那延绵成排的古旧潮汕民居以及侨村之内轻烟袅袅的香火，伴着那扑面而来的大海的味道，仍在锲而不舍地向前来窥探的人们诉说着樟林古港的沧桑百年。

樟林古港以其得天独厚的地理位置，成为潮汕甚至是粤东和闽南地区出海的一个主要港口，繁荣兴盛达百年以上。

昔日的樟林，由于潮州海上贸易活动的兴起，迅速繁荣，再加上有越来越多的樟林的先辈们开始走出国门，侨居海外，樟林的名声也越来越大，越来越被各地的人所知晓。20世纪初，樟林还被标入了英国出版的世界地图。说起这一点，至今仍有居住在樟林的老人很自豪地回忆说："当年爷爷告诉过我，当时国外的来信，无须烦琐，在地址栏只要写上'中国樟林'就可以送达的。"

清朝乾隆年间，樟林港迎来了属于它的黄金时期，翻开《澄海县志》，我们能从这样一段话中找到力证：

每当春秋风信……扬帆捆载而来者，不下千百计。高牙错处，民物滋丰，握算持筹，居奇屯积，为海隅一大都会。

据介绍，当年鼎盛时期，樟林港所在的澄海关税收入占到全广东的1/5，被誉为"通洋总汇"。即便是在1757年清政府闭关锁国，只留广州一口通商的情况下，樟林港仍然发挥着外贸港口的作用。当时清政府在福建留下缺口，允许厦门与西班牙进行贸易，期间价值数以亿计的货物通过近海口岸运到中国，而樟林作为中西贸易的交汇地带，也在中国向近代社会转型的过程中，起到了对外移民的重要作用。

当然，出海远航并不是一件简单容易的事情，其中的艰难困苦与罡风恶浪，是常人远远无法想象的。

我们在后来的史料记载之中，常常能够看到关于当年船只出海所创收的利润的文字记载，例如，"出海一次，所获利润大约相当于一艘船的造价"等。但是千万不能忽略的是这一路航行之中因风浪无情、海盗猖獗等自然原因或者人为因素所造成的，船只有去无回、船员音讯渺茫的海上航行的艰险。

只不过，这些对于拥有向海而生、坚毅无畏、勇于开拓性格的汕头人来说，统统都是可以忍受和克服的。正是因为他们身上这股铮铮的拼搏勇气与开拓精神，从广东出发，沿着海上丝绸之路乘风破浪，由此引领中国走向了世界，走过了斗转星移，经历了沧海桑田，将广东与内地广袤的经济腹地和全球化的贸易网络紧紧交织在一起，并从中获利。

# 四

"只篮。"

它是这一篇章里，你将与我一同前往的地方。只不过还未曾出发之前，我要请你先学会用潮汕话将这个地方的名字记牢。

"只"——潮州发音："之呀₄（迹）"。

"篮"——潮州发音："罗庵₅（南）"。

是不是挺难学的呢？曾经有朋友开玩笑地说，听人家说潮州话，简直比听英语还困难；学说潮州话，那就更是难上加难了。

潮州话，作为现存最古老的汉语方言之一，保存了大量中原古汉语的语言成分，古朴典雅，已被语言学家们公认为"古汉语的活化石"。所以听起来困难，学起来麻烦亦是可以理解的。

好了，回归到正题上来吧。今天我们要去探究的"只篮"是素有"海上丝绸之路粤东第一港"之称的"柘林港"。

如今的潮汕大地，仍流传着这样的一句俗语："未有汕头埠，先有柘林港。"其中说的柘林港便是这座位于潮州饶平县东南方，与南澳岛隔海相望的临海小镇——柘林西南方的港口。几百年前，这里是潮汕地区最早的对外通商港口，是中国"海上丝绸之路"的重要中转港。潮州货物在此由"红头船""大龟船"转运北上津沪，南下吕宋（今菲律宾吕宋岛）、安南（今越南北部）、马来西亚等地。

前往柘林镇的道路并不难走。我们的车子沿着国道324线往饶平方向行驶，过了饶平县的黄冈镇不久，往柘林镇的指示牌便映入眼帘。顺着国道往右转，经过小道绕上宽阔平坦的所柘公路，便能见到郁郁青山与蓝天白云相互映衬着。

去的那天天气特别好，我们终究被美景所诱惑，忍不住打开了天窗，将头伸出天窗，任迎面而来的阵阵风儿将披散的长发丝丝撩动。最喜欢这种天然的开阔，这种自由的、不受约束的感觉。

柘林湾就在这种自由与开阔的意境中闯入了我们的视线。

星罗棋布的岛屿海阔水深，烟波深处有海鸥肆意地翱翔。看着眼前形形色色形态各异的柘林湾内的小岛屿，忽然之间你会对那句有关柘林湾的美誉感到极为赞同，这样的景致，难怪说它是"山的那边有海，海的那边有岛"。

而如今，这"山的那边有海，海的那边有岛"的景致，又平添了另一种别样的韵味。只见在平静的湾面之上，静默着一座座由网箱相接而成的渔排，上面搭有木屋，排与排之间留有可供小船通行的水道。成百上千座渔排紧密相连，规则地铺在海面，远远望去，俨然是一座浮动的海城。烈日下，渔排上的静谧，悄然飞至的白鹭，徐徐和风，恍惚之间让人有了置身辽阔草原的别样感觉。

但凡去往某一个有着浓浓历史底蕴的城市，游客们都会迫不及待地第一时间去探访当地那些极富历史标志性的建筑物。在柘林镇中，你若要寻访关于"海上丝绸之路"的历史点滴，那么史籍中记载的建于元代的柘林古港导航塔——"龟塔""蛇塔""镇风塔"，便是几处必游之地。

值得庆幸的是，在柘林镇之中，历史与时间的脚步并没有将这几处曾经的印记摧毁，至今保存完好的"龟塔"矗立于海边，与同样历经数百年风雨依旧屹立不倒的"蛇塔""镇风塔"遥相呼应。

"古渡口就在镇风塔所在的风吹岭，也就是以前的柘林港了，听老一辈的人说，在很久以前海水就来到我们现在站的这个地方。"

村中为我们带路的渔民李伯伯一说起这段关于柘林港的历史，脸上便绽放出质朴而自豪的笑容。

"相传柘林地处海滨，屡遭风潮之害，渔民于是在岭高面海，常年风声飒飒的风口处建塔，取镇风镇水之意。在塔西侧的自然石上，刻着'岁次癸巳至正十二年二月造'一行大字，可见造塔的绝对年代是元顺帝至正十二年（1352年），距今660多年，是见于史载的潮汕地区最古老的石塔……"

耳听着李伯伯的介绍，脚踏着旧时的官道，伴随着往昔的故事，沿着蜿蜒的山路向上而走，我们终于来到了耳闻已久的古渡口。旧时这里是个关卡，往来柘林港的船和货物都要经过这个关卡并接受检查。

站在古渡口之上，凝望着眼前一片辽阔的蔚蓝色海面，李伯伯深深地陷入旧时的回忆之中："小时候我就听镇里的老一辈跟我讲，雍正年间是柘林港及岸上商贸的鼎盛时期，当时港内常常泊着数百艘各类船只。当时兴起了'红头船'海上运输风潮，商民们的'红头船'航行至中国台湾、广州、上海、天津、宁波、福州、泉州等地及海外吕宋、安南、暹罗等国家。每年四五月，番船抵港，港口一片喧腾，跟过节无异。每年'妈祖生'❶，更是热闹非凡，据说有一次竟然有 23 台戏同时演出。从岸上一直连到西澳岛，船舶一艘接一艘，船桅如林，俨如海上浮桥，大人小孩都可以自由自在地在船与船之间穿梭行走。"

是啊，涛声依旧掩不住沧海桑田，风吹岭上海风飒飒，向东而望，只见万顷沧海，浩渺水天。时至今日，尽管旧时的海面已经变成了农田和房屋，现代化的电厂、港口平地而起，古老船队发出的号角声早已成为历史无法重复的回响，但是柘林古港的记忆却将永久存在，与摩崖石刻以及古塔一起，向一代又一代的人们诉说着它们曾经的辉煌。

# 五

坐落在闽、粤、台三省交界海面上，由 37 个大小岛屿组成，陆地面积 130.90 平方千米（其中主岛面积 128.35 平方千米），海域面积 4600 平方千米的海中绿洲——南澳岛，对于我来说，有着难以割舍的情感，今生来世，我只愿做海岛之上老屋檐上那一株坚韧的钉子草，根须紧扎着的，是一切关于旧时的记忆。

早在 8000 年前，南澳岛上便已经有人类居住。由于其特殊的地理位置和重要性，历朝历代对南澳岛的管理都十分重视。西汉元鼎六年（公元前 111 年）南澳始称井澳，因澳城北之古井而得名，其归南海郡揭阳县管辖。南澳曾有"岛南""瀛南""井澳""白城"之称。南澳岛本为闽越地，后秦汉为了削弱闽越的地方势力，将其划给南越管辖，南北朝以前，南澳居民主要集居于云澳。云澳在主

---

❶ 妈祖生：每年的农历三月廿三日，是天后圣母（即妈祖）的生日，所以人们把这一天称为"妈祖生"。

岛的南部，故称"岛南"。南朝梁普通四年（523年），因南澳岛在瀛洲之南，改称"瀛南"。隋朝时始有南澳之名。隋文帝开皇十一年（591年），全国撤郡设州，义安郡翌年改名"潮州"。到了唐朝中期时，潮州汕头一带由闽州都督府和福建经略使管辖，因此南澳岛全部归属福建。明清时期海禁很严，南澳岛的规格逐步升级。万历三年（1575年），诏设南澳副总兵，即"协守漳潮等处驻南澳副总兵"，分广东、福建两营。清康熙二十四年（1685年），朝廷升设南澳总兵，管辖闽南、台湾、粤东海域的军事，南澳总兵府是全国唯一的海岛总兵府。南澳岛仍然分广东、福建管辖。民国元年（1912年）改称南澳县。直到1914年，南澳全岛才划给广东。

据万历二年（1574年）饶平县陈天资《东里志》记载，自古以来南澳岛的海上交通极为发达。自隋代开始，南澳海域便已成为两岸航线要道。明清时期，南澳岛是海上丝绸之路的必经之地。据清乾隆《南澳志·序》记载："南澳固必争之地也。襟漳带潮，络百粤，联七闽。内而达濠、神泉、遮浪、汕尾、南日、铜山、金门、浯屿，吭背相属；外而琉球、日本、崐乐、安南、宋脚、马辰、咖喇吧、英咭嚟，呼吸可通。纳海天于寸眸，拳蕃夷于一掌，固东南之门户，闽粤之咽喉，一方之形势也。"❶

南澳沿岸有深澳、青澳、云澳、隆澳、长山、竹栖澳等海湾66处，海岸线长达77千米，可供船只停泊、补给和避风。潮汕沿海一带对外贸易的商船，必须由南澳通过，遂成为粤东、闽西南、赣南海上贸易的出海口和货物中转集散地。杨彩延之《南澳赋》中指出：吕宋（菲律宾）、琉球（近代被日本吞并后改名为冲绳县）、占城、

---

❶ （清）齐翀：《南澳志》，清乾隆四十八年撰，序第2—3页。朱鉴秋：《南澳岛在古代海防史和海外交通史上的地位》，载杜经国、吴奎信：《海上丝绸之路与潮汕文化》，汕头：汕头大学出版社，1998年，第189页。铜山，即今东山岛；崐乐，古籍中亦作昆屯、昆仑等，今越南南端东面海面之昆仑岛；安南，今越南；宋脚，今泰国宋卡；马辰，在加里曼丹岛南岸；咖喇吧，今印度尼西亚的雅加达；英咭嚟，即英吉利。

暹罗（泰国）、三佛齐（印度尼西亚苏门答腊）、阇婆（印度尼西亚爪哇岛）、真腊（今柬埔寨境内）、彭坑（彭亨，马来半岛南部古国）等东倭、西番之来往皆经南澳，或集于斯，或互市，或候季候风。明清时货物以丝绸、陶瓷为主，烟草、蔗糖、水果、茶叶、工艺品次之。❶

当时光的序幕被缓缓拉开，一艘沉船安静地沉潜在海底深处的泥沙之中，虽然历经岁月，但它的身上却仍然保持着历史印刻在上面的种种记忆，它用那如今已是长满海贝的身躯向人们倾诉一个跨越历史的誓言，沧海桑田，唯心不变。

2009年9月26日，在广东省汕头市南澳岛县举行水下考古抢救发掘启动仪式上，原先被命名为"南海Ⅱ号"的明代古沉船正式更名为"南澳Ⅰ号古船"（Nan'ao 1 ancient ship），简称"南澳Ⅰ号"。

这艘沉睡了460余年之久的明代晚期古商船，据说当初极有可能是从福建漳州附近驶向东南亚一带的。

之所以这样推断，是因为南澳岛位于福建漳州到东南亚的航线上，而船上装载的瓷器主要出自福建漳州平和窑，此前在东南亚或者非洲的北部肯尼亚也发现过大量类似风格的瓷器。由此可以推测，"南澳Ⅰ号"很可能是从漳州附近出发，驶向东南亚或者汉文化圈一带。从考古人员探究的情况来看，"南澳Ⅰ号"沉没时是较为平稳地沉在海底的，船体保存比较完好。船体的价值胜过船上所有文物的价值，清理发掘完文物后，古船船体最终是要打捞出水的。

沉睡的古船，唤起了曾经的记忆。那一段在烟波浩渺的深海之中的故事，有太多的线索，有太多至今未解的谜题，令人为之感到深深的振奋与激动，总担心自己的记忆空间不够宽阔，不能将其一一铭刻。

依旧记得那一天搜索着关于南澳岛的各种资料的时候，耳边响

❶ 杨彩延：《南澳赋》，《潮州府志》卷四十二《艺文下》，台北：成文出版社，清光绪十九年重刊本影印本，1967年。

起的是那首名为《后会无期》的歌曲。

当一艘船沉入海底

当一个人成了谜

你不知道

他们为何离去

那声再见竟是他最后的一句

……

当银河坠入山谷抑或流淌进深深的海底，一切都将成为一个梦。而我们每一个人，都是梦中匆匆而来，又匆匆而去的过客。于是后来的你和我，都学会了在浮生流光之中一路随行，轻重自知。人也好，历史也好，已然经历过，便注定成为回忆，徒留诸多细碎的片段，难以自始至终、原原本本、真真切切地重现。但你也无须因此而感到忧伤顾虑，因为懂得珍惜的人，终究会知道自己该用一种什么样的方式去记取。

# 第三章 梅州——在客都天下寻找南洋足迹

　　梅州是历史上客家民系的形成地、聚居地和繁衍地，更是全世界客家华侨的祖籍地和精神家园，被尊为"世界客都"。它不仅是客家先民的始居地之一，是客家人移民海外的第一站，也是海上丝绸之路的"印度洋之路第一港"。

一

开始整理这一个篇章的时候，我的心里其实也有很大的担忧，毕竟这一本书从开篇以来，写的都是我国海上丝绸之路沿途中那些有故事的城市的点点滴滴。而每一座有故事的城几乎都有一个共同的特点，便是地处沿海。

是的，海上丝绸之路，必然是以"海"为首要条件的。但是，偏偏在接下来的这一章中，我们要接触的，却是梅州——一座位于粤、闽、赣三省交界山区的山城。

也许看到这里，你已经会觉得我愚昧与糊涂，怎么会将山城与海上丝绸之路联系在一起。但事实上，梅州城与海上丝绸之路之间，真的有着千丝万缕的联系。聚居于山区中的梅州人民，向来便有着刻苦耐劳、勇于开拓的垦荒精神，唐宋以来，便一直是历朝历代海上丝绸之路的重要参与者和建设者。

很多梅州人也因此而走出大山，通过海路行遍天涯海角，于是经年累月之后，在梅州城中便有了"客都天下"的美丽称呼，也因为当年这一批又一批勇于开拓、敢于迈开步伐的梅州人，粤东梅州成为全国重点侨乡。

谈及梅州与海上丝绸之路的关系，有专家认为首先必须从"海上丝绸之路"的六个发展阶段开始分析。这六个阶段分别是：

萌芽阶段——先秦时期

形成阶段——秦汉时期

发展阶段——魏晋南北朝

繁荣阶段——隋唐时期

鼎盛阶段——宋元时期

衰落阶段——明清时期

而无独有偶的是，海上丝绸之路的形成和发展与梅州地区客家民系的形成，甚至是世界客都的形成时间是极为接近的。

曾经有专家做过这样一个对比：

先秦时期：海上丝绸之路——萌芽阶段

　　　　　梅州——九州南裔地

秦汉时期：海上丝绸之路——形成阶段

　　　　　梅州——南越地，秦开五岭后，梅州属南海郡。汉时梅州属高州南海郡

魏晋南北朝：海上丝绸之路——发展阶段

　　　　　梅州——西晋时，属广州义安郡，客家人开始了第一次南迁

隋唐时期：海上丝绸之路——繁荣阶段

　　　　　梅州——客家人开始第二次南迁

宋元时期：海上丝绸之路——鼎盛阶段

　　　　　梅州——客家人开始第三次迁徙

明清时期：海上丝绸之路——衰落阶段

　　　　　梅州——客家人开始第四、五次迁移

众所周知，在唐宋后期，中国的经济重心已经开始从北方转移到了南方，于是东南地区的经济在这个时候也已经有了较快的发展。梅州位于广东省东北部，地处闽、粤、赣三省交界处，东部与福建省龙岩市和漳州市接壤，南部与潮州市、揭阳市、汕尾市毗邻，西部与河源市接壤，北部与江西省赣州市相连。而早在唐朝时期，潮汕地区便已经开始有了凤岭古港（位于汕头澄海区莲下乡的程洋冈，古名大梁冈，又名凤鸣冈），这座潮汕地区有史为据的、直通海外的、海上丝绸之路最早的港口。

　　潮汕大地和梅州山水其实是紧密相连的，于是从那个时候开始，便有了许许多多的梅州人取道梅江、韩江直达潮汕，通过潮梅港口开始了往海外而去的迁徙之旅。这个时候，各种各样的外销产品以及外来产品也都随着迁徙的梅州人民，从潮梅港口进入中国内地，或是销往异国他乡。

　　当然，当时那么多次的客家人迁徙行程，并不单单只是通过潮梅港口来实现的。根据诸多的史料记载，在那样一段烟尘迷漫的岁月之中，也有大量的客家游子从汕头埠地区乘船到大珠江水域再出洋而去；也有从厦门、香港等港口乘船，沿着海上丝绸之路到海外谋生的。总之，海上丝绸之路如同指明灯，指引和方便了无数客家人的海外迁徙行动。

<h1 style="text-align:center">二</h1>

　　我们都已经知道，在海上丝绸之路早期的经济交流中，丝织品是特别受海外各地欢迎的输出商品。但是，随着经济往来的不断加深与拓展，渐渐地，从中国各个港口被运送出去的商品，便不再只限于丝绸和它的一系列周边商品了。陶瓷、茶叶、西方与中东的金银货币等，成为一次次中外贸易的重要商品和流通货币，因为有了这样的改变，后来的"海上丝绸之路"也被称为"陶瓷之路""茶叶之路""白银之路"。

　　梅州连绵不断的大山之中，历来盛产各种紫砂陶土、瓷土、钾长石、稀土等自然陶土矿物。梅县水车由于地处粤东北山区梅江河畔，陶土资源丰富，取材方便，出产了以青瓷为主的水车窑（又称梅县窑）。

　　水车窑从南北朝后期至唐代初期开始创烧，于中晚唐时期盛产。

当时，南迁客家先民几乎个个都是能工巧匠，于是便将自己带来的先进技术使用在水车窑的烧制过程中，又积极吸收外地陶瓷的技术和经验，大胆借鉴国外金银器的造型，创造出别具一格的具有民族风情的瓷品。

水车窑问世不久，便因其精美别致而大受人们的欢迎，紧接着，还借得水路的方便，直达潮汕港口，远销海外，渐次发展为广东外销瓷生产之重要基地。有关水车窑瓷器产品外销的史实，据广东考古专家杨少祥论述："广东唐代生产外销瓷的窑场，目前所知有潮州北郊、新会官冲、梅县水车……""潮州港是当时粤东地区的对外贸易港，据《全唐文进岭南王馆市舶使院图表》记载，唐德宗时，潮州已有'波斯、古逻本国二舶顺风而至'，从事贸易活动……近年文物普查，在汕头澄海县凤岭古港和程美古港遗址发现有大船桅、大缆绳，并散布有众多的宋代瓷片，都反映了唐宋时期外国商人到潮州贸易和瓷器在潮州港输出的事实。梅县水车位于梅江边，与潮州水路交通便利，通过梅江可达潮州。梅县水车窑和潮州北郊、笔架山等窑的产品，应是从潮州港输出的。"❶

汪庆正主编的《简明陶瓷词典》中写道："至迟从九世纪下半期开始，我国瓷器已输出国外。今朝鲜、日本、埃及、巴基斯坦、伊拉克、泰国等地，都出土唐代邢窑白瓷、越窑青瓷、长沙窑、广东梅县窑及唐三彩标本。"❷

1991年，学者冯先铭先生在日本召开的学术研讨会上明确提出："梅县窑在已发现的广东地区唐代瓷窑中以质量精、造型丰富而名列首位。唐代曾销往海外，泰国南部出土有唐代青瓷碎片，除越窑、长沙窑外，还有广东梅县窑和高明窑碗片，这是目前所知广东最早

❶ 杨少祥：《广东唐至宋代陶瓷对外贸易述略》，载《广东省博物馆建馆三十周年论文集》，北京：紫禁城出版社，1989年，第251页。原载《广东唐宋窑出土陶瓷》，香港：香港大学出版社，1985年。

❷ 王庆正：《简明陶瓷词典》，上海：上海辞书出版社，1989年，第51页。

销往海外贸易瓷的实物例证。"❶

由于有了唐宋水车窑成功典范在前,之后粤东北大埔县陶瓷生产也于元朝初年逐渐兴起,并且鼎盛于明清时期,距今已有800多年历史。大埔陶瓷有"白如玉,薄如纸,明如镜,声如磬"的特色,深受大众喜爱,于是大量的大埔陶瓷也开始经韩江发往潮州港,沿海上丝绸之路源源不断地远销东南亚、欧洲等地。

除陶瓷外,梅州茶叶在当年的海上丝绸之路上,也有着非同凡响的名气与历史。梅州的茶叶生产历史悠久,在成文于960—1280年的《惠州府志》中就有长乐(今五华县)生产土茶的记载。

时至今日,我们依旧能在诸多关于梅州茶叶的史实资料中看到以下品种的名字,如:梅县清凉山茶、兴宁官田茶、五华天柱山茶、丰顺马图茶、大埔西岩茶、平远锅㕮茶和南台茶、蕉岭黄抗茶等。另据,在建于唐朝的梅县阴那山灵光寺中,历朝历代皆有庙中和尚栽种茶树,加工茶叶。明清时期茶叶生产遍布梅州,时至1806年,梅州、汕头辟为商埠之后,茶叶也成为外销商品,远销海外。

# 三

"下南洋"这个词汇对于客家人族群来说,一点儿都不陌生。时至今日,你到梅州一带游玩的时候,都能够或多或少地在他们的风土人情之中,找到一些文化色彩。

南宋时期,梅县籍的卓谋等,便落户在婆罗洲(今印尼加里曼丹岛)。明清时期就有不少客家人移居南洋。明成化十三年(1477年)来华的暹罗国使者美亚,其本是福建汀州人,原名谢文彬,因贩盐

---

❶ 冯先铭:《中国陶瓷史研究回顾与展望》,《中国古陶瓷研究》第4辑,北京:紫禁城出版社,1997年,第3—4页。

下海遇到狂风，漂到暹罗（今泰国），遂定居暹罗，后来出任暹罗"坤岳"❶。清朝乾隆十年（1745年），大埔籍人张理偕同邑人丘兆进及福建永定人马福春共同闯海过洋。行至南洋海面，突遇飓风，船被刮到槟榔屿，于是三人共同开发槟榔屿，为槟城繁荣发展做出重要贡献。随着荷兰、英国等国殖民者从南洋地区廉价收购大量矿产、橡胶等原材料运回欧洲，将东南亚变为世界资本主义市场体系的原料基地，尤其是汕头开埠后，大量客家人沿梅江、汀江、韩江到汕头，坐海船到泰国、印尼、马来西亚、新加坡等地谋生。他们以南洋为"外府"，把南洋地区作为谋生和发展的主要空间。梅州成为全国重点侨乡，侨居海外的华人、华侨众多，被誉为"文化之乡""华侨之乡"。如今，梅州的华侨遍布世界五大洲。据不完全统计，全球约67个国家和地区分布有梅州华人、华侨200多万人。

记得家中嫁到客家的大姑在我小的时候，常常对我念叨一句据说是从南洋流传回来的谚语："客家人开埠，广府人旺埠，潮州人占埠。"小时候不知道这样一句话的真正含义是什么。等到慢慢长大，才终于在各种各样的历史资料之中明白，原来这样的一句谚语，与当时客家人那一场轰轰烈烈的"下南洋"行动，有着十分密切的关系。

曾经少不更事的我，总以为"下南洋"是一件极为有趣的事情，甚至还曾肤浅地以为，"下南洋"好似是今天一场说走就走的旅行，一路上风光旖旎、云淡风轻。

但是事实却绝非想象的那样美好。当时的南洋各国，还处于未开发的状态，客家人漂洋过海，经过很长时间的颠沛流离，几经生死到达了目的地，劈山造田、开荒种植，其实是十分艰难困苦的。一向勤劳乐观、勇敢拼搏的客家人并没有被艰苦的生活所压垮，他们无论身处何方，都保持着一贯的乐观、正派的作风，与当地居民和睦相处，合作开发，不仅在东南亚荒岛上开垦土地，发展种植业，

---

❶ 坤岳：相当于学士的官职。

开采矿产，开设银行，而且在城市开发和建设上同样贡献巨大，为当地经济和社会发展做出了重要贡献。

这样的例子，在众多"下南洋"的客家先民之中比比皆是。

例如，梅县人罗芳伯（1738—1795 年）于乾隆四十二年（1777 年）在曼多（今印尼西加里曼丹东万律）艰苦创业，终于创建了"兰芳公司"，又一直勤劳经营，延续至 1886 年。辖区居民最多时有华侨、马来人等 10 余万人，农耕、采矿、交通和文教事业等都得到了发展。

平远人姚德胜（1859—1915 年）在马来西亚的怡保投资锡矿，支持市政建设，新建店铺 500 余间，所在街区被怡保市议会命名为"姚德胜街"和"姚德胜市场"。

除了艰苦创业，这些移民往南洋地区垦荒的客家先民们，还积极主动地参与社会文化建设，兴建了大量的医院、路桥、寺庙等公益慈善事业，促进了当地的社会文化发展。

如大埔人戴春荣（1849—1919 年）在新加坡、马来西亚槟城捐建学校，资助槟城南华医院。

梅县人张榕轩（1850—1911 年）兄弟在印度尼西亚捐建济安医院，架造棉兰日里河大桥，资助清真寺、印度教寺庙建设。

梅县人伍淼源（生卒年不详）在泰国倡办曼谷天华医院等。

他们都是客家人的荣耀，他们的存在使得客家人的善良勇敢、刻苦耐劳、正气凛然的美德遍布南洋甚至世界各地。

# 四

松口古镇，是我一直念念不忘，想要一探究竟的地方之一。松口古镇是梅县的一座千年古镇，据说它的建制，远远早于梅州城。这里曾经是客家先民南迁的最原始的居住地之一。通过查阅松口各姓族谱，人们发现从唐朝开始，便有汉人陆续迁入松口，宋末元初，来自福建的汉人大量迁入。由于百姓杂居，松口居民姓氏超过120个，为全国罕见。明末清初后，松口人口暴增，当地人纷纷迁移外地谋生。

如今，千百年的时光过去了，这里保存下来的客家人丰富多彩的人文资源却丝毫未减。

我从梅州城一路乘车，经过一个小时左右的车程，终于抵达了这座昔日的粤东商贸重镇。至今记得，那天虽已接近夏末，但是天气却依旧炎热，唯独车子飞驰在两旁种满整齐笔直的桦树的道路上，透过车窗玻璃，看着那些枝头上开始泛着秋意的片片叶子，心中才得以掠过一丝清凉与舒适。

关于松口古镇的历史，《松口镇志》之中有着较为详尽的记载：

西汉赵佗称南越王时，曾统一岭南，当时梅县属南海郡龙川县，并无独立县名，那时在松口居住的是畲族人，所以又称"东畲寨"。东汉、三国、两晋时期，属广州义安郡海阳县，松口改称义安围。在945年的时候，松口镇始称梅口镇，后叫松口，迄今有一千多年。

在松口古镇之中，至今流传一句很是霸气的话语："自古松口不认（嘉应）州。"

此话一出，果然是把我这个外乡来的人给震住了。弹丸小镇，何以厉害至此？

原来松口之所以不认州，是因为旧时这里是广东第二大的内河港，地处闽、赣、粤的交汇地，水陆交通发达，历史上便是商贸重镇；松口人对海外通邮、通航、通商均不用经过当时的嘉应州城，海外信件的信封上只要写明"中国汕头松口转某村某人"，便可经汕头港直转松口。

松口是闻名海内外的华侨之乡，现有人口7万多人，但是记录在档的在外华侨却有8万人之多。

曾经，出于逃避战乱和谋生需要，许多客家人纷纷从他们原本温馨的家园迁徙而出。这时，松口古镇便是从汕头下南洋的必经之路。

据当地老人们解释，昔日这里的火船码头，最多的时候有300多条船只在这里停泊，6000多名旅客从这里出发。也就是说当年的每一天，这里都在上演着一幕幕悲戚伤怀、依依不舍的离别场面。这样的离别必定是痛彻心扉的，因为彼时人们的心中都深刻地明了，今日这一别，一挥手便可能是天人永隔、一辈子无法相见的伤痛。

当然，松口这里的记忆，除了天各一方的悲戚，作为粤东北重要的水陆码头也必定有其曾经繁荣的一幕。这里曾经商贾众多，在镇上至今保存了各个时期的街道建筑。沿江一带的大街，店铺多为二三层的沙灰木楼，街道上仍然保持着民国初年扩宽时的样子。在大街北侧，只要你稍稍留神，便能找到时至今日依然保留着小街小巷、石板地的明清风格的街道。如世德新街，20世纪30年代，一批华侨投资家乡建设，于是留下了一批有南洋建筑风格的"骑楼式"店铺，非常具有别样的南洋风格与特色。据说当时，共有1000多家商铺林立其间，是商业的鼎盛时期。

那天，在世德新街穿行漫步到了松口的古火船码头，正好遇上在这里悠闲地晒着太阳的一位当地老爷爷。我与老爷爷攀谈，请他讲述关于这里的诸多故事。老爷爷很是自豪地告诉我，至今此处仍旧是百年前的旧貌，因为这么些年过去，这里的一景一物仍旧跟当年他的父辈们对他描述的一模一样。

在老人父辈们相传而来的回忆之中，当年江西、福建及广东蕉岭、平远一带的人们出南洋均从松口火船码头搭乘电轮，由汕头港转乘大轮。那种热闹的场面，实在令人印象深刻。

只不过如今景致依旧，但有些事情却是终究难以重复了。今天的松口镇虽然保持了原貌，但在水路已经不再重要的情况下，又遭受连年的水淹之苦，遂彻底被抛弃在角落，仅一些老人固守着这个历经了百年的水边小镇，年轻人早已离开，于是整个小镇现在看起来，更像是一座空荡荡的城池。

# 第四章 徐闻——在时空轮回中寻找往时记忆

徐闻，广东省湛江市辖县，位于中国大陆最南端，广东省西南部，东、西、南三面环海，即东和东北临南海，西濒北部湾，南隔琼州海峡，北接雷州市。

徐闻历史上属于雷州府管辖，其传统文化包括雷州音乐、雷剧、雷歌等。这里是闻名全国的汉代海上丝绸之路的始发港。当地民俗、民居和方言都具有鲜明的"雷州文化"特色。徐闻是最具代表性的"雷州文化"城市之一，徐闻县城历来都是雷州半岛南部经济贸易的繁华集市，是通向海南岛必经之路，是雷州半岛政治、经济、文化、交通的中心。

一

篇章未启之前，不如先让我们一起来回顾一桩多年之前的遗憾吧。

264 年前，瑞典东印度公司一艘名为"哥德堡 1 号"的货轮，正沿着预定的航线缓缓驶向瑞典哥德堡港，船上满载着从大洋彼岸的广州城运载而来的货物，以及早已远离故乡哥德堡长达 30 个月的船员们。看着渐渐清晰的海岸线，人们感到兴奋不已，那一种对于故乡、亲人、家庭的向往与期待之情可想而知。可是，偏偏就在这个时候，令人悲痛的事情发生了：就在离哥德堡港只有 900 米的海域，"哥德堡 1 号"货轮由于船头触礁而骤然沉没，满船舱的货物以及船员带着无限的遗憾沉入深深的海底……

时空轮回，一直到 1996 年，经过一番努力，当年的"哥德堡 1 号"终于被打捞出水，曾经辉煌一时、令人骄傲无比的货轮此刻已经是满目疮痍，但令人意外的是，那些至今留存在船舱中、来自中国的白茶，虽经过多年的海水浸泡，却依旧散发着缕缕清香……

这些白茶，仿佛穿越时空而来，告诉人们哪怕沧海桑田、海枯石烂，曾经的故事也永远不被遗忘。

2006 年 7 月 17 日，由 4000 名工匠按照原样打造、耗资 3000 万美元、费时十年的瑞典仿古商船"哥德堡号"在航行 9 个多月后，驶抵古代海上丝绸之路的发祥地广州……

广东历来被认为是"海上丝绸之路"的发祥地，在当年鼎盛之时，珠江口岸万帆竞发。而此间位于广东湛江的徐闻古港则是汉朝时期海上丝绸之路的始发港。因此，这里除了有独具特色的岭南文化、石狗文化，海上丝绸之路文化也如同一支美丽娇艳的花朵，盛开在雷州半岛乃至岭南的红土地之上，傲然孑立，独自绽放，即使鲜为人知，也依旧魅力不可挡。

徐闻县位于我国大陆最南端的雷州半岛，西汉元鼎六年（前 111 年）汉武帝置徐闻县。徐闻为古越语，其意为"高原旱地中的泉水村"，历史上属雷州府管辖，是汉代丝绸之路的始发港。齐武帝永明中，徐闻县改齐康县。此后，至梁武帝普通四年（523 年），齐康县划地置五县。隋开皇九年（589 年）改齐康为隋康，与海康、铁杷、扇沙、椹川并属合州。唐高宗武德四年（621 年）置南合州，领海康、隋康、铁杷、椹川四县。唐太宗贞观元年（627 年），改为东合州。贞观二年（628 年），改隋康为徐闻县。贞观八年（634 年），改东合州为雷州，雷州才由此得名。

汉代徐闻的县治设于讨网（在现今徐闻五里乡），当时讨网亦是合浦郡的郡治。

《汉书·地理志》中有这样一段记载：

自日南障塞，徐闻、合浦船行可五月，有都元国；又船行可四月，有邑卢没国；又船行可二十余日，有谌离国；步行可十余日，有夫甘都卢国；自夫甘都卢国船行可二月余，有黄支国……有译长，属黄门，与应募者俱入海，市明珠、璧流离、奇石异物，赍黄金杂缯而往。……黄支之南，有已程不国，汉之译使自此还矣。❶

这是关于西汉时期，朝廷派出译使率领船队，从徐闻出发，到达马来西亚、缅甸、印度、斯里兰卡等国，运去丝绸织物，换来海外的奇珍异宝的一段文字记录，这也是史书对海上丝绸之路的最早记载。

郭沫若也曾明确指出："从中国高州合浦郡徐闻县乘船去缅甸的海路交通也早在西汉时期已开辟。""那时海路交通的重要都会是番禺（今广州），船舶的出发点则是合浦郡的徐闻县。"❷

---

❶ 班固：《汉书》卷二十八下《地理志第八下》北京：中华书局，1962 年，第 1671 页。

❷ 郭沫若：《中国史稿》，北京：人民出版社，1979 年，第 393 页。

# 二

古谚语说："欲拨贫，诣徐闻。"意思是一个人若是想要彻彻底底地脱贫致富，就赶紧到徐闻去。

从这样一句极富广告意味的句子之中，一点儿都不难感受到汉代的徐闻是一座多么繁荣并且兴旺富庶的商业港口。时至今日，史料之中仍旧记载着汉朝时期徐闻众多口岸的具体地点，从讨网港到磨丰港、博涨港、沓水港、三塘四塘港、三墩港、港头港、新地港、鲤鱼港一带，面积辽阔，码头众多。

根据《汉书·地理志》的记载，汉武帝曾经派人招募海员从徐闻（今广东湛江市徐闻县）、合浦（今广西合浦）港出海，经过日南（今越南）沿海岸线西行，到达黄支国（今印度境内）、已程不国（今斯里兰卡），运载大量的丝绸和黄金等物。这些货物再通过印度转销到波斯和地中海各国。2001 年，汉代徐闻港被确认为"海上丝绸之路最早始发港"之一。

一条海湾伸进陆地，千米内是三座呈"V"字形的小岛，它们像三个大汉，挡住了大海的进犯。尽管大海波涛汹涌，海湾里宁静依然——这就是徐闻的三墩岛。三墩岛古时候称为"瀛岛"，也叫"小蓬莱"。

至今，在徐闻三墩一带随处可见汉代砖瓦。遥想两千多年前，这里曾泊满了大汉的大船；船上满载丝绸，从这里出发，劈波斩浪，远输国外，在史书里留下了辉煌的一页。

在徐闻仕尾村北仕尾岭高崖上，有一座灯塔，呈八角形，直径 2 米，深 0.4 米，像一个巨型石碗形。这个灯塔由一天然巨石雕琢而成，灯塔八角有八卦饰纹，内被火灼成黑色，因年代久远而有多处龟裂，为典型的汉唐导航灯座。据说，这座灯塔是琼州海峡、南海诸岛和北部湾唯一的航标灯，也是中国内地最南端的标志物。望着这样的一座灯座，心中不免泛上了浓浓的敬意，灯座无语，但它却如同长者一般，阅尽沧海桑田、海枯石烂，仍旧不改初心。

如今，在广东省博物馆内，有一组汉代遗物静静地躺在陈列橱柜之中，它们是红褐色泥质陶制品，厚重并且极富质感，直径仅有0.14厘米，中分四部分，正中为近似小篆的"万岁"二字，两边为云纹。这便是出土于湛江徐闻县二桥村汉代遗址的著名文物"万岁瓦当"。

在古代，万岁瓦当象征着使用者高贵身份与崇高地位，而徐闻位于中国大陆最南端的广东雷州半岛，在历史上属于蛮荒之地。如此珍贵的文物出土，可见当年被派驻徐闻的官员级别之高，实在令人惊叹，这又从另一个角度，进一步佐证了徐闻古港在我国海路贸易上曾经辉煌的历史。

# 三

"如杜丽娘者，乃可谓之有情人耳。情不知所起，一往而深。生者可以死，死亦可生。生而不可与死，死而不可复生者，皆非情之至也。"

《牡丹亭》自明朝时期起，穿越时空，缠绵秾丽，至情弘贯苍茫人世。然而又有多少人知晓，《牡丹亭》的剧作者，中国明代戏曲家、文学家汤显祖在世界戏曲史上与莎士比亚不分伯仲？汤显祖与徐闻城之间，有着丝丝缕缕、剪之不断的联系。

据相关史料记载，明神宗万历十年（1591年）五月十六日，汤显祖目睹当时官僚腐败，满腔悲愤，因而上表《论辅臣科臣疏》，意欲弹劾大学士申时行，未料却因抨击朝政而使得神宗皇帝龙颜大怒，最终为此被贬徐闻。

流徙，是历代帝王们最擅用的处罚大臣的手段之一。汤显祖的此次遭贬，却使他在沿途增长了许多见识，并创作出了许多广为流传的作品。

比如这一首《香岙逢胡贾》：

> 不住田园不树桑，珶珂衣锦下云樯。
>
> 明珠海上传星气，白玉河边看月光。

讲的就是汤显祖长途跋涉前往徐闻，在广州乘船行至香山番（今澳门）的时候，目睹了当时海上丝绸之路的繁华情景。这一番见识让汤显祖感到十分新鲜，于是一时灵感勃发，写下了这首诗篇，描述了外国人在香山番做买卖的情形。

除此之外，在广东香山，汤显祖还曾创作出《听香山译者》（二首）的诗篇，以此记述他从香山译者处听到的海外经历：

其一

> 占城十日过交栏，十二帆飞看溜还。
>
> 握粟定留三佛国，采香长傍九州山。

其二

> 花面蛮姬十五强，蔷薇露水拂朝妆。
>
> 尽头西海新生月，口出东林倒挂香。

汤显祖的这两首诗作，从某一个侧面可以看出当年海上丝绸之路的繁荣与辉煌。

从占城（越南中部）出发的十二帆西洋海舶，一路航行，仅仅只是十日的时间便能到达交栏山（印度尼西亚的格兰岛）；即将下海的葡萄牙人用"握粟"（即占卜）来预测自己一路行程的凶与吉，结果连神都指示他们必须在南海古国三佛齐的港口寄碇停留，稍作休息之后，才能继续自己一路的行程，到达九州山（马来半岛霹雳河口外）；除此之外，最让人留恋的还是香山这里，那些美丽动人的葡萄牙少女（花面蛮姬）……

出现在诗句中的林林总总，表达的是当年这一条横跨汪洋的海上丝路如同一道天设的桥梁，异国的民众通过它来到中国做生意，而中国人也通过它下南洋，将生意做出国门，直达海外的热闹气氛与繁荣场景。

当然，在当年的那一场繁华之中，既有收获的喜悦，也会有分离的痛楚。

汤显祖的一首《看番禺人入真腊》写的便是背井离乡、抛妻弃子的凄苦场景：

> 槟榔船上问郎行，笑指贞蒲十日程。
>
> 不用他乡起离思，总无莺燕杜鹃声。

徐闻这个地方对于汤显祖来说，印象是极为深刻的，感情是极为浓烈的，虽然他在徐闻任职只有半年时间，次年便返回临川。但是在此之后，他却将自己一生之中对海上丝绸之路的见闻融入了自己的创作之中。在诸如《牡丹亭》等作品里，便记载有海商、"番鬼"、"通事"和"香山岙里巴"这些与海上丝绸之路相关的种种❶。

---

❶ 陈立新：《湛江海上丝绸之路史》，香港：南方人民出版社，2014年，第189—192页。

# 四

临海而居的人们的一生，总是与海相关，围绕着海洋航行、捕鱼、饲养、劳作。在各个大大小小的港口之中，每一天都会有人驾驶着各式各样、或大或小的船儿出海而去或者进港而来，为了生计，为了梦想，为了更加美好的未来。而这些带着美好愿望随船融入海洋深处的人们的身后，附带着的，便是家人每日每夜、每时每刻、永不停息的等待与牵挂。

这样的盼望和等待，徐闻城中的人们将之称为"等海"。

愿是那片海，我的世界只等你来。

我的记忆深处，永远珍藏着这样的一幅画面。

那是个初秋的早晨，与友人一道从徐闻的一个小宾馆驱车来到海边埠头，为的是拍一辑海边日出的照片。

就在这样的一个早晨，在天蒙蒙亮的海滩上，我们遇到祥福婆婆、祥福爷爷和他们5岁的孙子小光。

朴实好客的老人对于我们这两位"外乡人"十分热情，还不停牵挂我衣裳单薄地徘徊海边，让我当心着凉。

婆婆告诉我，他们祖孙三人来这里"等海"，等待小光的父母归航回家，因为昨天小光的爸爸用手机给他们打了电话，告诉他们自己的渔船将于今天清晨回到埠头。

祥福婆婆说，自己这一生，已经算不清楚究竟等过多少回的海了，自19岁那年，从外乡来到渔村，嫁给祥福爷爷开始，她就在年复一年、日复一日地不停等待着。

祥福婆婆紧紧地拉着祥福爷爷的手，陷入旧时的回忆之中。

"那时的我常常和我的父亲驾着小船出海捕鱼。"祥福爷爷深情地望着身边的老伴说。

"那个时候不比现在，渔船上有诸多先进的仪器和设备可用，那时捕鱼要靠赶流水而进行，有时候白天下海，有时候摸黑出门。那时既没有电话，也没有手机，所以每当我们出海，老婆子就只能靠推测来预计我们归航的大致时间，然后自己在我们回来之前到海边等待……"

虽然我没有亲历过祥福婆婆曾经的等海，但是却在祥福爷爷的讲述中体会到了祥福婆婆当年的心情。

回想当时的每一次等待，婆婆一定总是人在埠头，心在海上吧。因为她的一颗心早已经紧紧地系在渔船上的亲人身上。

海上作业，遇见不测风云总是难免的，于是每当逢上那些突如其来的风雨时，婆婆必定是焦虑着急、担惊受怕的，她担心海上亲人的安危，她期待他们能够乘风破浪、平安归来。因为心有期盼，所以立于岸边等待，必定也是时光流逝而浑然不觉的。

其实，这样"等海"的人，又何止是祥福婆婆一个人呢？回想这一路之上走过的这么多个与"海上丝绸之路"相关的城市与港口，哪一个没有出海远行的人儿？哪一个又没有立于岸边，殷切期待他们归航而来的亲人呢？

"等海"这个词汇中，包含着一种浓浓的牵挂，既有希望又孕育着收获。当等海的人儿终究迎回归航的亲人，便是一份最好的慰藉。

忽然之间，我的眼中有了热热的涌动，仿佛我也成了那位站在埠头上等待良人归航的等海女子，当他的船儿靠入港湾，我便一脸笑意地将亲手煲煮的汤水递上，然后看着他馋饮甜喝。假若他盛载而归，我便帮他挑拣海货；假若他未有所获，我也不会因此而心生颓丧，因为只要良人平安而归，就不枉自己冬昼逆着寒风、春晓送其远航、夏午冒着大雨，直到盼得秋晚，他终于披着星光、沐着彩霞、担着收获与我同归温馨的家……

"咦！奶奶爷爷你们快看，那是我爸妈的翘头船，爸爸妈妈回来喽！"

小光稚嫩的童音将我从幻想之中拉回现实，这个时候的天色已经越来越亮了，海的对面霞光万丈，初升的太阳将海面映照得金光闪闪。顺着小光的目光望去，果然可以见到远处那些沐浴在太阳光芒中的舟影，从小到大，从远到近，越来越清晰……

就在埠堤上等海的人们的欢呼声中，我们与祥福奶奶祖孙三人做了一番告别，然后转身离开，不打扰他们一家人幸福喜悦的重逢时刻。但是我的心中，却一直激动满满，在这样一个丰收团圆的秋日清晨。

但愿在那些日复一日、世世代代的"等海"中，牵挂、伤心、焦虑的时刻越来越少，团圆、收获、欢笑的时候越来越多……

# 第五章 海南——在海之南端寻找热带风情

海南，别称琼州，顾名思义，谓海之南而得名，位于中国南端。海南与海上丝绸之路有着密切的关系，它是海上丝绸之路的必经之地。自浙江、福建、广东到东南亚的船只都要在海南某个港口停留补给。海南在海上丝绸之路中占有重要地位，这里四季温暖，可谓海上明珠。来到这座大岛上，可以体验我国的热带风情。

一

关于海南岛与海上丝绸之路的种种故事，个人认为最适合拿来作为开篇的，莫过于南宋大臣、文学家楼钥在他的《攻媿集》中写过一首名为《送万耕道帅琼管❶诗》的诗作。诗作之中所描述的，正是古代海南在海上丝绸之路的交通与贸易中的地位：

黎山千仞摩苍穹，颙颙独在大海中。
自从汉武置两郡，黎人始与南州通。
历历更革不胜计，唐设五管如笼罃。
皇朝声教久渐被，事体全有中华风。
生黎中居不可近，熟黎百洞蟠疆封。
或从徐闻向南望，一粟不见波吞空。
灵神致祷如响答，征帆饱挂轻飞鸿。
晓行不计几多里，彼岸往往夕阳舂。
流求大食更天表，舶交海上俱朝宗。
势须至此少休息，乘风径集番禺东。
不然舶政不可为，两地虽远休戚同。
古今事变无定论，难信捐之与扬雄。
四州隔分各置守，琼台帅阃尤尊崇。
高雅大纛拥方伯，鼓吹振响惊蛟龙。
汉家咸名两伏波，卢丁以来几宗工。
卫公精爽尚如生，妙语况有玉局翁。
史君吏事素高了，明若古镜摩青铜。

❶ 琼管，即"琼管安抚司"，亦称"海南安抚司"，是宋代海南最高军政机构。

叱驭行行不作难，平生惟仗信与忠。

布宣王灵万里外，益使向化来蛮賨。

第惟遐方习疎慢，政化要当率以躬。

雾中能见越王石，自然心服令易从。

顽犷未率宜以渐，勿示骇政先含容。

平平之策用定远，下下之考书阳公。

吏民生长固安土，尚当摩抚如童蒙。

属僚宦游岂得已，士多失职悲途穷。

名分卑尊不可紊，更念何处不相逢。

官事既了与无间，可使知气俱冲融。

乡间惜别情所钟，临岐为倾琥珀浓。

手遮西日念远去，欲留奈何鼓逢逢。

愿君稳度三合溜，早归入侍明光宫。

这一首诗篇反映出当航船行驶到了海口"势须至此少（稍）休息"，然后才返回番禺东（广州）的场景。楼钥断言："不然舶政不可为"，因为"两地虽远休戚同"，既生动地描写了南宋时蕃商来海南岛的盛况，又充分说明了两地休戚相关的互补关系。

众所周知，海上丝绸之路并不是一条单一的航线，随着我国造船业的渐趋发达以及对外贸易的国家与地区日渐增多，海上丝绸之路的航线也越来越显现其多元化的特点。有专家与学者在经过反复考证之后，为当时海南岛的古代海上丝绸之路归纳出了这样两条主要的国际航线：

之一，东南亚—海南—广州或泉州（经琼岛向海外诸国输出较多的是粤、闽、浙等地出产的瓷器、铜钱等，从东南亚输入的主要是珍珠、香药等）；

之二，海南（输出本地产沉香、黑糖、玳瑁等）—厦门—福州—宁波（载当地产瓷器、丝、布等）—日本长崎（从日本输入棉纱和

棉制品等）。❶

唐宋时期在南海海域之间往来的中外贸易商船越来越频繁，海南岛由于天然的地理位置，成为波斯和阿拉伯商船来往于广州、泉州、扬州等通商口岸的避风港和中转站。

唐贞元年间（785—805 年）贾耽所记的《广州通海夷道》之中，便有了从广州经由海南岛到阿拉伯各国的航线：

广州东南海行，二百里至屯门山（今广东深圳南头），乃帆风西行，二日至九州石（今海南东北海域七州列岛）。又南二日至象石（今海南东南海域独珠石）。又西南三日行，至占不劳山（今越南占婆岛），山在环王国（即占城国）东二百里海中……小舟溯流二日至末罗国（今伊拉克巴士拉），大食重镇也。又西北陆行千里，至茂门王所都缚达城（今伊拉克巴格达）。❷

根据考古专家与学者考证，这条途经南中国海向外而去的航线，最终一直延伸到了东非海岸，全长 14 000 千米，途经 90 多个国家和地区，这是当时世界上最长的远洋航线。

从诸多历史文献资料来看，海南岛在当时这一条既绵长又极为重要的航线之中所扮演的角色举足轻重，可以说是"咽喉"要地，而对于如此之重的"咽喉"，唐政府尤其注重加强对其周边地带的掌控，在沿袭隋朝行政体制的基础之上，对海南岛的行政建置做了大幅度的调整。

唐初，冯盎统治下的海南归唐朝后，海南设置崖、儋、振三个州；唐太宗贞观五年（631年）拆崖州之琼山为琼州，海南增至四州；从唐玄宗至肃宗时，海南又增至五州，即崖、儋、振、琼、万安，并一度将州改为郡，对海南的统治进入比较稳定的时期。

❶ 蒋开科、江彦君：《北部湾海洋文化论坛文集》，南宁：广西人民出版社，2010 年，第 103 页。

❷ 欧阳修、宋祁：《新唐书》卷四三下《地理志七下》，北京：中华书局，1975 年，第 1146、1153—1154 页。

南宋乾道年间，为了规范从南洋载货商船的税收管理，广州市舶司专门设立琼州市舶分司，隶属广州市舶司，主要负责从南洋返回船舶的监管检查。

此外，还有一系列史记资料，为海南海口在海上丝绸之路上所起到的重要作用提供了重要佐证。

法国人布尔努瓦在他所撰写的《丝绸之路》一书中这样记载：

商人们在印度洋中船行数月之后就到达了马拉巴尔的故临，经由锡兰北部到达孟加拉湾，郎婆露斯岛（尼科巴群岛之一）。在那里稍事停留和补充淡水之后……再向吉打（马六甲半岛的咽喉处，大约在北纬 10 度稍多一点的地方）……接着就驶向潮满岛（即今之蒂奥曼岛），位于新加坡东北不远的地方；最后，绕过海南岛而到达广州。

日本学者小叶田淳，也曾用文字记载了当时崖州的望楼港标有"番国贡船泊此"，毕潭港有"占城贡船泊此"，陵水的桐栖港（今新村港）有"蕃船泊于此"等诸多标语。这些标语的意思实际上只有一种，那就是"南海朝贡船曾在此寄泊"的意思。

清咸丰八年（1858 年），在第二次鸦片战争中，英、法、俄、美等西方列强强迫清政府在天津签订《天津条约》，强迫清朝政府开放琼州（也就是海南岛）商埠，使琼州成为我国第五个通商口岸。

当时的琼州并不发达，西方列强国家之所以对于开放琼州乐此不疲，除了显而易见的政治、经济掠夺的原因，也说明他们看中了海南岛作为海上丝绸之路的重要地理位置以及中转站的重要作用。

# 二

妈祖，又称天妃、天后、天上圣母、娘妈，是历代海洋贸易者、船工、海员、旅客、商人和渔民共同信奉的神祇，尤其是在福建、广东、海南、中国台湾及东南亚地区有广泛的妈祖信仰，许多沿海地区均建有妈祖庙。在民间和官方有关妈祖的各种信俗与仪式活动，发展至今已形成了一种为国为民求和至善的"和善文化"，即妈祖文化。

四面环海的海南岛天水相接，依海而居。海岛之上的居民渡海而来，以海为生，对于海洋一直有着一种深深的情结。而妈祖文化，是海洋情结的一种体现，正因为有了海南人的海洋情结，也就注定了妈祖文化在海岛之上得以生根发芽。

妈祖文化落户海南岛的时间，可以推算到宋元时代。那时来自福建或广东的商人，漂洋过海，远渡而来到海南岛拜祭妈祖，妈祖文化就是在此时进入海南岛的。

农历三月二十三是天后妈祖的诞辰，农历九月初九是天后妈祖的忌日，每年但凡逢上这两个日子，海南岛上大都会举行各种各样的纪念、祭祀活动。游神、演戏，好不热闹。

"今渡海往来者，官必告庙行礼，而民必祭卜方行。"这样的记载始现于明朝万历年间的《琼州府志》之中。

历史是一本蕴厚的笔记。其中记录的点滴是尘世永无法磨灭的沧桑。正因如此，后世有心如你我的诸多专家学者，在各迁琼始祖之族谱的点滴记载之中，均已纷纷研究推断出当年妈祖文化随着福建莆田、泉州、漳州等地辗转迁徙的移民们来到海南，并自此扎根、传播、繁衍于海岛的史实。如元朝时期由湄州迁琼而兴建于海口的

"天后行宫"（即"天后分灵"迁居的庙宇）。

　　妈祖天后被越来越多的海南移民敬奉为"海上女神"，并且随着聚居于此的民众的逐渐增加，再加之彼此之间信仰相同、功成名就、财富增多，使得众商集腋成裘，共同捐资兴建了规模更为宏大的天后宫并以此作为会馆会址 ❶。

　　"兴潮会馆天后宫"是清朝乾隆二十年（1755 年）由兴化、潮州商人在白沙门上村兴建的。

　　《兴潮天后宫碑记》中的一句记载，便是最好的佐证："福之兴化、广之潮州，其来琼也历重洋之千里、涉烟波之万顷而装载匪轻……"

　　言至此处，有一词汇需要提及——"潮行"。"潮行"是当时福建兴化，广东潮州、汕头等地商人所开设的商号的统称，而"兴潮会馆"，则是"潮行"商人们洽谈商务、敦睦乡谊的行业馆所。

　　"潮行"在白沙门设立"兴潮会馆天后宫"，后来又将其迁至解放西路，并更名为"潮州会馆"。在此之后，漳州、泉州的商人们也于乾隆四十三年（1778 年）兴建了"漳泉会馆天后宫"，其规模也更加大气、辉煌。

　　时至今日，白沙门上村的天后宫仍然屹立于历史的流光之中。你若往此处游走，依旧可以在前门石匾中辨认出"天后宫"这三个楷体大字。落款的时间是其重修的时间——嘉庆十八年（1813 年）。只不过随着时间的流逝与消磨，庙宇的大部分已经坍塌损毁，唯有那些雕刻于横梁上的图案依然鲜活靓丽，精湛的技艺让人叹为观止。

　　除了白沙门上村的天后宫遗址，海南岛中那些历史存留下来的天后宫旧址已然存数不多了。位于海口中山路另一处天后宫旧址亦算其一。

---

❶ 刘贡：《【拥抱丝路·启航】千年港成的薪新使命》，原载《海南日报》，2015 年 3 月 28 日。

日本学者小叶田淳的《海南岛史》一书中便曾提及"海南岛最初的天后庙，是元朝时代建在白沙津和海口的"。此中的"海口天后庙"便是指此了。据记载，占地约1 400平方米的中山路天后宫始建时间为元朝时期。在这漫长的700多年间，经历了多次修葺，最后一次重修的时间记录是清朝咸丰十年（1860年）。

而其他史料之中记载过的万宁、三亚、东方等几处地方的"天妃庙"均已埋没无痕迹，令后人深感遗憾。

# 三

每次凝望着深蓝的海洋时，我的心里总会升腾起一种十分神秘的崇敬感。因为对于一个凡人而言，沧海古老，桑田变换，每一分、每一秒之间，眼中的这一片蔚蓝色都在匆匆忙忙、脚步不停地自天外而来，又往天外而去。一时之间浪花、波光、烟涛迷蒙浩渺。

每一次凝望着这一湾深邃的海洋的时候，我总会想，从海平面直达海底的深处，究竟有可能潜藏着一种什么样的神秘力量呢？是不是那里有着惊天动地的浮沉？是不是那里有着难以言说的沧桑？

我相信，这样的想法，并非只有我一人有，也正因为这样，所以在历朝历代的海洋文化中，海神是人们普遍认同的一种存在，尽管他们是那般的缥缈、神秘、深奥，甚至至今均未得到任何科学上的证实。

海南岛上的原始先民们所崇拜的神明，除了妈祖，海神也是其中之一。这是由于他们一生以海为生、以海为中心，天长日久之后，便从海洋变幻莫测的神秘中萌发出了海是由某一种超自然力量所控制的朴素的宗教观念。

说及"海神"，你的印象中是不是第一时间就出现了《西游记》

中，那四位被孙悟空欺负得哭笑不得、心生恨意又苦于自己神力逊人一筹，不敢当面报复而只能向玉皇大帝打小报告的四海龙王呢？

其实，四海龙王的首次出现并不是在《西游记》之中，很早很早之前，他们便不止一次地出现在先秦的典籍里。比如《礼记·月令》之中，就曾出现过关于四海海神的记录。这是对海洋里的海神祭祀的最早记录。

唐朝的时候，东、西、南、北四个海神出现得更加频繁了。并且，这时的每一个神都有了他们自己特定的名号，如，南海神名为"广利公"，唐代文学家韩愈的名篇《南海神庙碑》之中就曾说四海海神中"南海神次最贵"。

在康定元年（1040年）时，宋仁宗还进一步加封南海海神为"洪圣广利王"。千万不要肤浅地认为宋仁宗给一个虚无缥缈的神仙加封，似有儿戏的意味，他这样的举动，不仅是在政治层面表现国家对疆域控制范围的威严象征，同时也是顺应民众精神追求的标志。

海南岛中，向来都有祭拜海神的习俗。其中的原因，与人们崇拜妈祖、祭拜妈祖的原因大致相同。但是因为人们将海神联系到了中华民族五千年来的龙文化，所以，掌管南海海域的广利王在海南的信众心中又演变成了"海龙王"。

根据道光年间的《琼州府志》（卷八）所说："陵水县龙王庙有三，一在城南。康熙三十六年知县李聘率邑人创建，乾隆五十七年知县瞿云魁重修。一在洞楼港，一在赤岭壁港。"

成书于1935年的民国《儋县志》（卷四）又有记载，海南的古儋州就有龙王庙的存在。并且书中指明：龙王庙，在东门外观音庵前。久圮。嘉庆十九年，知州言尚炜捐修。又说："清初，知州曹世华增建中座及头门，中座祀龙王，故称龙王庙。匾额有曹世华增建中座小引。"

# 四

海南岛因为遍生椰子树，而享有"南国椰岛"的美称。踏上这片热情洋溢的热带土地，映入眼帘的，便是那些生长在街道上、民居旁、原野上以及海岸上的修长、挺拔、伟岸、茂盛的椰子树。它们形状各异、参差错落，在蓝天白云的映衬下显得格外的摇曳多姿、婀娜婆娑。

就在这样间接不断的一片片绿色之中，整个海岛被装点得格外迷人、清新。难怪海南岛向来便有"天然氧吧""灵秀之城"的美称。置身其中，你会感觉自己一瞬之间便把所有堆积在心头的烦恼抛开了、放下了、丢弃了，因为在这样一座椰风飘逸的城中，诗情画意与和谐静美已经深深地涤荡了你的心灵。

椰岛上的椰子树并不单单只是一种装饰，除了它那碧绿挺拔、摇曳多姿的风貌，椰汁、椰肉的甘醇香甜以及各种椰产品的存在，更是一种深深的意蕴与精神。

那次去海南岛游玩，我简直就是一个被椰子美食深深打动的贪吃女子。喜欢到不得了的时候，就干脆缠着同行的他无论如何得帮我买上一堆椰子托运回家，惹得那时候同团而行的朋友笑得差点儿喘不过气来。

带团的导游昭昭知道我是个喜欢收集故事的女子，又见我对椰子实在有种极为喜欢的情结，于是便给我讲了两个关于海南岛椰子树的传说。

很多年过去了，昭昭也已经成为养育有一对龙凤双胞胎的美女辣妈，但是那两个故事，我却至今记得。

第一个故事说,很久以前,有一对恩爱的年轻夫妻。有一天,男的出海捕鱼,女的到海边送饭。她伫立海边,翘首眺望大海中的归帆,可是,她的丈夫却没有回来。等啊等啊,最终她变成了一棵亭亭玉立的椰子树。椰子树一直屹立在海岸边等待,尽管没有等得良人回归,但是却也始终痴心不改。

我还记得当时昭昭跟我讲这个故事的时候,我感动得眼泪直流,还被身边的他笑话,一个普通不过的故事就能让我哭上一顿,果然是个容易哄骗的主儿。

其实现在回想起来,他当时说得一点儿都没错,说到底是因为海南人民感怀椰子树与自己世代息息相关,陪伴着他们度过了一代又一代的悠远时光,所以便编撰出了这样缠绵悱恻的故事来纪念椰子树罢了。也正是因为这样的一种情感,所以更让听故事的人觉得深深动容。

如果说昭昭的第一个故事是简单的,那么接下来的第二个故事则就极富灰姑娘式的童话韵味了。

很久以前,有一个女子生下了一个没手没脚、走起路来不停翻滚的椰子壳。这让做妈妈的感到既害怕又讨厌,于是忍无可忍地把他丢进了大河,任其顺水漂流。

椰子壳在河里漂啊漂啊,直到一个老农民捡到了他。

椰子壳对老农民说:“收下我吧,我会帮你放牛和种地的。”

老农民答应了,从此,他帮老农民放牛。老农民有个漂亮勤快的女儿,她每天给椰子壳送饭,可这小小的椰子壳饭量挺大,总埋怨不够吃,这让少女觉得非常奇怪。

于是有一天在为椰子壳送完饭后,少女悄悄地躲在树后面观察,秘密就这样被她揭穿了。

原来,在少女离去后,椰子壳里蹦出来的,竟然是一位英俊的小伙子。

少女惊呆了，赶紧把这件事告诉了老农，老农半信半疑，决定第二天亲自看看。第二天，老农让椰子壳去砍竹子做篱笆，然后和女儿一起随尾而去，目睹了小伙子从椰子壳走出来的情景。晚上，老农便提出，想把自己的女儿嫁给椰子壳。

椰子壳把姑娘带到一块空旷的草地上，对姑娘表白说："我本是一条龙，因厌倦了水里的生活才到岸上来的。今后，我们就一起生活吧。"话音刚落，只听"轰"的一声，椰子壳破了，走出一个英俊的小伙子，在他们身后，出现了一间漂亮的房子，成群的牛羊鸡鸭在四周游逛。从此，他们夫妻勤劳生产、相亲相爱，过着甜蜜的生活。

后来的我，常常把自己当成故事里那个因为送饭而喜得如意郎君的女子，只不过每次美滋滋地自恋一番之后，回头再看看身边这位陪伴了十年之久的大腹便便的某先生之后，又不得不感叹这世间有种无奈叫作："理想很丰满，现实很骨感。"但不管怎么样，这一生，有他的陪伴，便是我最好的归宿。

海南岛有很多让人印象至深的景点，而让我印象最深的，莫过于享有"亚洲第一大道"之称的环三亚湾修建的一条海滨风景大道"椰梦长廊"。这条长达 20 千米的路，绵延直达天涯湾。就在这样一条雅致清幽的风景线上，椰树成林，轰轰烈烈；临海而立，郁郁葱葱。它们向着大海的方向微倾着，仿佛渔家姑娘翘首期盼爱人的归来，秀发迎风，眉睫依依。椰林与大海的凝眸，勾勒出一幅碧绿与湛蓝、高耸与博大、洒脱与澎湃相得益彰的天然画卷。

假若你是在傍晚时分和爱人漫步在绿意葱茏的椰梦长廊之中，那就更加浪漫了，执手相牵，相依相偎地静看夕阳西下、红霞满天。让晚风将发丝轻轻吹拂，任远处的雾霭山岚，烟云迷蒙……

这样的一份美丽，唯有在海岛这座唯美的城中，才能遇见。

# 第六章　北海——在灿烂阳光中寻找一抹细沙

北海，这个名字本身就充满海的气息和印记，古往今来，一直弥漫着浓浓的海洋味道。早在汉代时，合浦就是古代"海上丝绸之路"的重要始发港，通过海上丝绸之路形成其悠久的海洋文化，促使现北海地区成为古代"海疆第一繁庶之地"，古合浦的先民开辟了我国东南沿海至东南亚各地的远洋航线的古代辉煌。从2005年开始，北海连续入选"中国十大宜居城市"之一。目前，列入中国海上丝绸之路报世界遗产的城市有北海、广州、泉州、漳州、福州、宁波、扬州、南京、蓬莱9个城市。

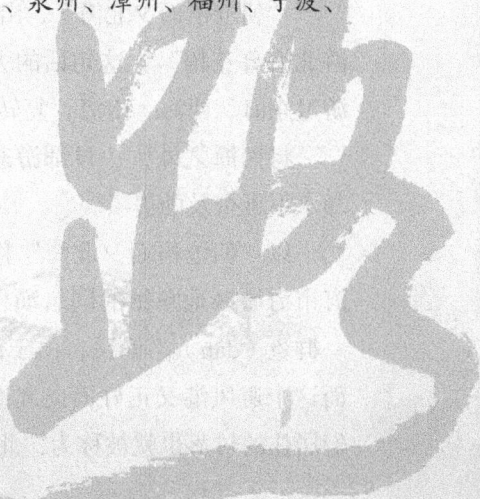

一

那天，我在跟他提出想去北海走一圈的时候，着实花费了一番功夫去同身边这位忽然顽劣心大发的男士狠狠地过了一招。

因为那时的我同他说："过两天，咱们去北海走走吧。"

他说："你说哪儿？"

"北海。"

"银滩！"

那家伙马上就接上来。不过我没准备跟他耗下去，便继续说："我想去北海，看看那些曾经与海上丝绸之路相关的事物。"

"可是对于我来说，北海后面肯定要接着银滩两个字的——北海银滩，不是每天晚上中央电视台的天气预报都这样报吗？"

唉，严重跑题，答非所问，我白了他一眼，不想继续与他耗下去了。

"朝沧梧而夕北海"，出自元曲《吕洞宾三度城南柳》中的"朝游北海暮苍梧"。这句话的大致意思是说：吕洞宾早晨起自北海，游过东海、西海、南海，复转苍梧。

将四海之外，一日都游遍，仔细一想，这的确是件令人神往但却永不可企及的美事。

以"朝沧梧而夕北海"作为北海的名字，其实早就开始了。北海市海城区地角镇的同名渔村"北海村"，最早开发这个村落的是一群疍（dàn）家渔民，由于他们集中居住在临近避风港的村落里，而这个避风港又正好面向北面的海域，于是随着时间的推移，渔民们居住的村落也就被称为"北海村"了。

康熙元年（1662 年），清政府设立"北海镇标"。但这并不是"北海"地名的由来与开端。而据文史资料记载，"北海"一词可追溯至宋朝甚至是魏晋南北朝时期。当时，外国人口中称呼得最多的地名之一便是——"北海"。

若想在北海之中，寻找关于海上丝绸之路的点滴，合浦县是必去不可的地方。

地处亚热带季风型海洋性气候区的合浦县从来都是一个日照强烈、热量充足、夏热冬暖、无霜期长的地方。又因为这片地域常年受到季风环流控制，雨热同季，所以冬干夏湿，夏无酷暑，冬无严寒，是一处不可多得的居住胜地。

《汉书·地理志》中记载，两千多年前，合浦是汉武帝所开通的我国最早的海上丝绸之路始发港之一。

海上丝绸之路对于合浦人来说，是一种无比的荣耀，所以当你踏足这片土地的时候，映入眼帘的便是几乎遍布大街小巷的楼宇广告，细细去看，旗号打得最多的，便是"千年漫漫海丝路"。

# 二

策划了许久的行程，终于在一个月后顺利成行。那天的我，挂着一脸委屈，与满脸不乐意的他匆忙地上了飞机，绝尘而去。飞机上，这位生性懒惰的男士依旧一个劲地埋怨我不能好好安坐于家中，做个安静乖巧的娴静女子，偏偏要整日里一个背包走天下，还累得他不得不陪着我一起疯玩……

当然，我知道，这些小牢骚只是他口头上的"强硬"而已，因为在彼此的心中，都深深知晓，最美好的旅途，莫过于可以和爱人一同前行。

没有耗费多少时间，飞机便抵达了目的地——北海。

文友小芃接到我的电话，匆匆忙忙赶到了北海福城机场门口，充当起临时导游来。

"到北海，必须来合浦，来合浦，银滩是不可不来的地方，因为那里的海景极美。最让人神往的是，合浦这里有珍珠，还有神秘至极的美人鱼……"小芃不亦乐乎地向我们努力讲解。果然还是"美人鱼"这个话题，最为引人遐思。

"南海有鲛人，身为鱼形，出没海上，能纺会织，哭时落泪……"——这就是当地流传的美人鱼。

我们无法考证美人鱼为何物，但南朝时的《述异记》中记载一种生物——儒艮。儒艮是一种长期生活在海沟之中的哺乳动物，以海沟上淹没在海水下的海草为食，每隔半个小时左右便要出水换气，母儒艮常常如同人类一般怀抱着小儒艮喂奶，传说它每每出水的时候头上都会顶着水草，所以人们便满怀想象地将它称为"头披长发的美女"。

20 世纪 50 年代，北部湾发现儒艮；1958 年 12 月 23 日至 1959 年 1 月 3 日，共捕获儒艮 23 头。

20 世纪 70 至 80 年代中期，陆续有搁浅的儒艮被发现，也有一些个体被捕获，至少有 12 头被制成了标本。

1996 年和 1997 年各有一头儒艮在保护区内被炸死，1997 年 11 月专家在广西合浦沙田保护区调查时发现 3 头儒艮。

2000 年，北部湾海域再次发现 5 头儒艮。

2002 年广西合浦县儒艮保护区管理站工作人员在广西北海北暮海域发现 2 头儒艮，合浦县 66 岁的老渔民说，已经有 10 年没有亲眼见到儒艮。

2002 年 3 月沙田村渔民发现 5 头儒艮，据从 2000 年到 2004 年的调查所述每年都能发现 2 至 5 头儒艮。

种种公开的资料显示，作为现实版的"美人鱼"，儒艮与合浦所在的北部湾一直有着密不可分的联系。

# 三

在合浦汉代文化博物馆内，剔透明亮的玻璃展柜之中，陈列着一件件来自汉代的舶来品，有色彩璀璨的琉璃、琥珀、玛瑙、水晶、绿松石等装饰品，以及印度和希腊风格的黄金饰品。

这些舶来品多数都是在合浦汉墓中出土的文物。这些物品大部分从海外输入。其中，最为引人瞩目的，莫过于琥珀了。这种古时稀有的物品主要产于欧洲的罗马帝国（中国史籍中称其为大秦），西方很早就将其作为贸易商品，英国学者劳费尔曾经说过："琥珀是东西通商史上的重要物质。"❶

在《汉书·地理志》中，我们便已经了解到，当年汉王朝派遣的外交使团及应募商贾随行的船队，货仓之中所携带的皆是当时极为珍稀的物品。黄金、各种丝绸产品自然不在话下，而更引人瞩目的，当是这样的形容："入海市明珠、璧琉璃、奇石异物。"❷

如今，这些古文物的存在，见证了早在两汉时期，中原及合浦当地的商贩们便已经开始把陶瓷、布匹、蜀锦可能还有谷种等商品装船，从北部湾的港口出发，远航到印度，再转运埃及、罗马等地，然后将外国的珠宝、香料等运回。

这是由于作为江河汇聚于海的地方，合浦有南流江自北而南贯穿合浦县境，注入北部湾，从入海口南下，可远航南海诸国，也使其成为水路的交通枢纽，沟通岭南与西南、岭北与中原的联系，开

❶ 劳费尔：《中国伊朗编》，北京：商务印书馆，1964年，第351—352页。
❷ 班固：《汉书》卷二十八下、《地理志第八下》，北京：中华书局，1962年，第1671页。

辟了中原与海外东南亚、南亚交往贸易的水路交通线。

得天独厚的地理位置是合浦吸引商贸的亮点，更是它能够成为古代中国与海外交通往来重要线路的始发港之一的原因。

去过海南三亚的人，都知道那里有个叫作"天涯海角"的景点。然而你知道在北海有个叫作"海枯石烂"的景点么？

位于广西北海市西尽端的冠头岭，全长3千米，有如一条青龙横卧海面，坡岭蜿蜒起伏，状如窿冠。传说很久以前，在当地小渔村里，有一对小情侣，男的叫海生，女的叫石娇，他们彼此都深深地爱着对方。有一天，海生哥随船队出海捕鱼，石娇妹就一直站在海边的礁石上，等待着海生哥归航。但是没想到她等来的是海生哥的渔船碰上风暴之后音讯全无的消息。噩耗并没有改变石娇妹的一往情深，她依旧天刚亮就站在原来的那块礁石上等待，日日如是……直到很久之后的一天，一只海龟背着她的海生哥从大海深处平安无恙地回到这片石滩上。一对有情之人终究成为恩爱眷属，石娇妹等待海生哥的这片石滩也被当地人誉为吉祥之地，取名"海枯石烂"，意为"百年好合，坚贞不渝，白头偕老，相伴一生"。

海未枯，石已烂。苍茫的海景、磊磊的礁石以及这个美丽的传说，一起为北海平添了无尽的美丽与浪漫。我相信世间最美好的事情不是你拥有多少财富或者多么成功的事业，而是与最爱的那个人一起，走过风风雨雨，走过时光流转……

# 第七章　福州——在绿色榕城中寻找声声佛韵

　　位于福建东部、闽江下游及沿海地区的福建省省会——福州，又被称为"榕城"。建城于公元前202年的榕城，可谓是福建省历史上长期的政治中心。

　　作为首批14个对外开放的沿海港口城市之一，福州是海上丝绸之路的重要门户，它随着海上丝绸之路的兴盛而在东南沿海快速兴起，与海上丝绸之路相生相长。唐朝时，福州与朝鲜、印度、苏门答腊等国多有商旅往来；明代时，福州取代泉州港成为官方港口；到清代，出现"使西南洋诸国咸来互市"的繁荣景象。

一

"百货随潮船入市，万家沽酒户垂帘。"

我向来是个喜欢热闹的女子，所以每一次都会被这样热闹而浓烈的句子深深打动。瞬息之间，仿佛自己便是那个置身于市集之中的女子，身着襦裙，头插步摇，烟视媚行之中，感受着来自阳春三月的繁华。

因为有了上面这一句专为描写福州繁荣港口的诗句而心有戚戚，于是，也便有了福州之行。

福州城"因州北有福山"，所以便有了"福州"的称呼。金秋十月到初春二月是到福州的最佳季节。因为在这段时间，福州城阳光明媚，树木常青，南国的宜人气候与风光，会让人感觉仿佛置身世外桃源之中。

古旧巷陌、温泉热汤、文物古迹、厝村古居……这一切美好和舒适便已注定了福州老城中的人们天生天养的淡定气质。这种淡定是极美的，有如水墨画般的悠闲与典雅，任风花雪月飘零，任红尘俗世喧嚷，唯在北峰与鼓山的青山绿水之间平安唯美。千帆过尽之后，唯有置身此处，才能让人深深感悟"福"为何物。原来"福"便是平和，"福"便是福州。

"榕城"是福州的另一个称呼。据说早在900多年前，福州便已遍植榕树，以防旱涝，史载：其大十围，凌冬不凋，郡城中独盛，故号榕城。"❶试想一下"绿荫满城，暑不张盖"的那种感觉该是非

---

❶ 乐史：《太平寰宇记》卷一百《福州·土产》，载《太平寰宇记》第26册，南京：金陵书局，第6页。

常美好吧。就在那蔓延的绿韵之中，一切早已注定，福州城与榕树，从来便是一个不可分割的整体。

福州城的宗教文化是十分丰富的，向来有"佛国"之称。外来宗教文化在这里也是历史悠久，几乎都是在当年传入中国之初便在这片安逸的土地之上建立了属于他们的据点。

个中原因，与福州城自古以来便是海上贸易港口有着莫大关系。

东汉时期，福州已经与东南亚国家有贸易往来。

唐宋时期，福州已是一座繁华的国际贸易港口。

明代，福州的对外贸易进入鼎盛时期。著名航海家郑和七次下西洋都选择在福州太平港（马尾、长乐一带）为船只增加给养后才扬帆出海。自此，福州港正式成为国家港口。

康熙、雍正之后清政府开禁设关，于是福州对外的贸易又趋繁荣，所谓"使西南洋诸国咸来互市"。鸦片战争后，福州被辟为"五口通商"口岸之一，外国使节、商人等纷至沓来，使福州的外来宗教文化丰富多样。

时至今日，佛教、伊斯兰教、基督教等宗教文化遗存仍然保留于福州城中。据说，三国时期，佛教就已传入福州。五代，福州有了"佛国"之称。"开元寺"是福州城中现存的最古老的寺院，始建于南朝梁太清三年（549年），距今有近1500年的历史。另一座佛教寺院——鼓山涌泉寺，同样是历史悠久，始建于783年。最初并非是现时的名字，而是另一个更为庄严的称呼——"华严寺"。后来，因为唐武宗灭佛，华严寺被毁，直至908年，闽王王审知两次修建新的寺庙，先名为国师馆，并于915年才改为现时的名称。除了以上两座佛寺，位于南门兜的清真寺，其历史可追溯到唐朝，从清真寺内保存的明、清碑记大致可以了解当时福州伊斯兰教传播、发展的情况。明朝天启四年（1624年），意大利耶稣会传教士艾儒略来到福州传教。十年之后，城内已有教徒百人。福州现存最古老的天主教堂是南台岛的泛船浦天主教堂，建于 1868 年。

在福州城中走上一圈，你便能很轻易地发现另一种带着浓郁的海洋性特征的民间宗教信仰也十分盛行。之所以如此，与这里的地理环境有着莫大联系。

在版图之上寻找福州的所在，轻而易举地便能在闽江下游、濒临东海之处寻找到它，作为名副其实的水国之乡，城中的江河、湖塘、河浦、沙洲极多。白马河、东西河、晋安河、光明港等主河道四条，安泰河、打铁港、五四河、瀛洲河、达道河、茶亭河、洋洽河、龙津河等内河十多条。这种江海内河相连、海潮江水相通的地理格局，使得福州文化之中，深深地烙印下了福州人对河神、海神崇拜与信仰的海洋性特征。

二

被誉为"人间第一香"的茉莉花是一种常绿的攀援灌木。原产于印度，汉时由西域传入中国南方。叶对生，片呈椭圆形或广卵形，花期初夏至晚秋，花有白、红两种。常见则以白花为主，玲珑素洁，香气浓郁。

宋朝的刘克庄曾经用"一卉能薰一室香，炎天犹觉玉肌凉"的绝美之词来赞美茉莉花。史载，宋朝时的福州便已普遍栽培茉莉了。作为福州城的特产之一，如今城郊有许多成片栽培的茉莉园，数量和质量都足以冠盖全国。

一朵小而洁白的茉莉花，象征着福州这座历史文化名城如同花一般的芳香四散。以茉莉花熏制的福建茉莉花茶亦久负盛名，是中国的历史名茶，远销海内外。

自宋代以来，福州茉莉花茶一直是中国出口海外的重要农产品。

到了清代，特别是五口通商以后，达到了鼎盛时期，清香飘满世界。

我总是喜欢在每一个写字的深夜，烧上一壶泉水，泡上一杯自福州邮寄而来的茉莉花茶，让那芬芳的茶香满溢在书房之中，透过一阵阵弥久的花香，任一段又一段的历史在眼前重现。

其实福州的茉莉花茶文化、花文化同海上丝绸之路文化一直都是彼此维系的。

作为中国最早引种茉莉花的地区之一的福州城，更是茉莉花的主产地。南宋时期，正是芳香文化的传播、普及时期，受此影响，越来越多的人喜欢上了香茶，并且其制茶的方法也随之日渐进步与提高。这时，偶有敢于尝试、创新的文人雅士开始试着用茉莉花来熏焙茶叶，这便是茉莉花茶窨制技术的开端。明朝万历年间，茶叶窨制技术已经逐渐成熟，此时的福州便开始少量生产制作茉莉花茶。随着窨制技术的一路改良与发展，时至清朝，福州的茉莉花茶生产已从往时的尝试化、少量化发展为规模化、商品化了，出口到各地。明代陈眉公《致富奇书广集》记载："上品之茶，不宜花拌，拌则失其真味，下品之茶，拌也不佳，惟中品之茶可用花拌之，则馨香可爱。凡拌茶，宜三分茶一分花为率。兰花则用五分之一，菊则九分之一。"❶

# 三

终于觅得几天的空闲，于是一个人背起包，到福州城中漫游了一圈。

到福州城旅游，三坊七巷是最先要去的地方之一，因为这里，

---

❶ 陈眉公：《致富奇书广集》，《中国茶文化经典》第六卷《清代茶文化经典》，北京：光明日报出版社，1999年，第711页。

是福州作为历史名城的重要标志。

三坊七巷是福州市南后街两旁从北到南依次排列的十条坊巷的简称，向西三片称"坊"，向东七条称"巷"，面积约有40公顷。这样的一条街道至今基本保留了唐宋的坊巷格局，保存较好的明清古建筑共计159座，被誉为"明清建筑博物馆""城市里坊制度的活化石"。

从正门走进去，细细地品阅感悟香料之后，你会发现这里俨然就是一幅古色古香、布局讲究、古代气息与现代气息交相辉映的"清明上河图"。一个人走在纵横的坊巷之中，当脚踩在那条狭窄的由石板铺设而成的街道上的时候，一种是否穿越了时空的疑问油然而生。

"三坊"之中的第一坊唤作"衣锦坊"。坊中历朝皆有人在外出仕做了大官，后来衣锦还乡，荣耀故里，在过去的几个朝代之中，"衣锦坊"的名字也由此而几经变更。如宋时称"禄锦"，明朝称"衣锦"，另据清《榕城考古略》之中的记载：宋朝时"陆蕴、陆藻兄弟典乡郡居此，名禄锦，后王益祥致江东提刑任，更名衣锦"❶。时光飞逝，春秋轮回，不管朝代如何变更，衣锦坊中的月光却依旧皎洁。就在月光洒落的沟渠之中，另一个极为形象的坊名被唤起——"通潮"。何谓"通潮"？原来这个地方是水网地区，据说福州西湖、南湖的潮水皆能通到这条坊巷的沟渠中去，因而得名。

"水榭戏台"位于坊中16号清嘉庆进士郑鹏程居宅之中。据说若置身于此处品曲观戏，便能同时达到"水清、风清、音清"的"三清"境界，其中的声学原理和美学价值妙不可言。这一个木构单层平台，四柱单开间，下建清水池塘，中隔天井，正面为阁楼的所在，是绝对值得一往的。

---

❶ 林枫：《榕城考古略》卷中，《坊巷第二》"衣锦坊"条，福州：海风出版社，2001年，第61页。

走过了衣锦坊，只稍短短的几步，便可以随着人流进入文儒坊。这条巷中弥漫着浓厚的历史人文气息，通过名字便知，这条坊就是因历代文儒辈出而闻名的。

此巷"初名儒林，以宋祭酒郑穆居此，改今名"。郑穆任国监祭酒，明代抗倭名将张经，清代名将福建提督、台湾总兵甘国宝，清代饮誉全国的"民进士"之家（五代都中进士）陈承裘故居也在坊内。

文儒坊是一座坐北朝南的大宅，内有光华阁，是为入室弟子课业的地方。

走出文儒坊，信步漫过城中的安泰河，便可来到光禄坊。

光禄坊原名玉尺山，又名闽山，是福州"三山藏"之一，是"三坊"中的第三坊。关于"光禄坊"名字的由来，流传着这样的一个典故：历史上，光禄坊内有一座法祥院，俗称"闽山保福寺"。当时曾任光禄卿的福州郡守程师孟时常到此吟诗游览，僧人就刻了"光禄吟台"四字于石上。为了感谢僧人，他吟了一首诗："永日清阴喜独来，野僧题石作吟台，无诗可比颜光禄，每忆登临却自回。"光禄坊名胜以光禄吟台最为有名，擅池、台、亭、石、花、木之胜，以及宋至清摩崖题刻多处，1961 年被列入福州市第一批文物保护单位。

参观完三坊，在河边的茶楼休憩片刻之后，下一站便是南后街由北向南，到达七巷中的杨桥巷。

杨桥巷古名登俊坊，因西能通杨桥而改名。在杨桥路与南后街交叉处是林觉民烈士生前的住处，冰心小时候在这里居住过。杨桥巷有座"双抛桥"，规模不大但传奇故事颇多。寻得此桥，你便能真切一感"万里潮来一呼吸"的内河奇观。这是因为此桥的所在地是内河沟道，东与西两水在此"合潮"，所以立于桥头，感觉尤为生动。双抛桥边两岸相向而长的一对榕树，虽然隔着桥而长，但竟能在空中枝叶连理，相拥成荫，有个青年男女殉爱的凄美故事，传之久远。如今，此处已成为路人歇脚品茶的主要场所。

走过杨柳巷，紧接着便是郎官巷。

据清人林枫《榕城考古略》载：宋刘涛居此，子孙数世皆为郎官，故名郎官巷。[1]郎官巷西头巷口立有牌坊，坊柱上有副对联："译著辉煌，今日犹传严复宅；门庭鼎盛，后人远溯刘涛居。"

穿过塔巷，便来到黄巷。据闽志载，晋永嘉二年间固始人黄元方避乱入闽，落户于福州南后街，故称黄巷。唐朝末年，崇文官校书郎黄璞退隐归居这里。黄巢军入福州，因闻黄璞大名，命令兵士夜过黄巷"灭烛而过"，勿扰其家，从此黄巷名声大振。巷内历代多住儒林学士，人文荟萃，成为文化名人和社会名流的集居地。黄巷中有一庭院名曰"小黄楼"，属于文物保护单位。

之后因时间原因，我们匆匆参观了安民巷、宫巷、吉庇巷。踩着方方正正的石板，举手触摸着洁白无瑕的高墙，抬眼望着窄窄长长的天空，我们可从坊名、巷名，窥视它曾经的风姿和荣耀以及几多风雅的迷人传说。

# 四

福州与佛学，向来有着极深的渊源。而在福州的历史之中，空海法师，是永远值得被世代铭记的。

空海法师是一位来自日本的得道高僧，亦有人将之尊称为"弘法大师"。空海法师的天赋极高，在佛学、教育、书法、文艺理论等方面都展示了过人的才华。

19岁那年，他由于得遇一名僧侣而与佛结缘。当时僧侣传授他《虚空藏菩萨求闻持法》，他为之深深动容，潜心学习。从此他放弃已

---

[1] 林枫：《榕城考古略》卷中，《坊巷第二》"衣锦坊"条，福州：海风出版社，2001年，第41页。

经就读了一年的大学明经科，加入山岳修行的行列中。

空海法师与福州的渊源源自唐德宗贞元二十年（804年），这一年他作为"学问僧"之一，随"遣唐使"藤原野葛麻吕入唐。岂料在行船途中遭遇风暴，空海法师一众人等在海上漂流了三十四天，直到八月初十日才化险为夷，随船一百余人漂流到福建长溪县（今霞浦县）的赤岸登陆，得到当地百姓的救援和热情款待。在此停留了四十一天后，九月二十日，法师一行人由福建观察使阎济美迎接入福州，宿在开元寺。起初，因空海法师当时资历尚浅，所以未被列入去长安的名单。空海法师心急如焚，当夜就疾书一封名为《与福建观察使入京启》的书信，直呈阎济美。在信中，空海法师表达了自己对到长安参学佛法的无限渴望，感人至深，令阎济美十分感动，遂破格获准空海前往长安❶。

不得不说这是空海法师一生中极为关键的一个机遇，他也为中日文化交流做出了巨大贡献。

空海法师留宿在开元寺那段时间中，他创作的《灵源深处离合诗》《为大使与福建观察使书》《与福建观察使入京启》三篇诗文是最为有名的。

其中《灵源深处离合诗》中曰："磴危人难行，石险兽无升，烛暗迷前后，蜀人不得灯。"于字里行间极为详尽地表现了当时他自己未能被获准入京时迷茫焦虑的复杂心境。

中国茶文化历史深远、博大精深。不论是茶叶的发现、利用、栽培和名茶的制作及茶文化的传播都是举世闻名的。在中国，自古就有"茶禅一味"之说。中国的茶圣陆羽本亦是佛门出身，所著《茶经》是一部集中国僧人种茶、制茶、烹茶、饮茶的生活经验和技艺的总结，更是世界第一部茶学专著。唐代盛行饮茶之风，这样的一

---

❶ 郑莹：《空海——经海上丝绸之路前来福州的日本商僧》，载《福州文博》，2014年04期。

股风潮，也深深感染了入唐而来的空海法师。在福州期间，他去过茶馆，研习过茶艺，研究过种茶与制茶的技术，还购买了搪瓷茶具。这足见空海法师对中国茶文化的那一份发自内心的推崇与热爱。

由于深受唐朝茶文化的影响，空海法师还将中国的茶文化带回了当时的日本。

美国的威廉·乌克斯这样评价空海法师：

僧侣弘法大师（即空海法师）从中国研究佛学归去，亦对茶树非常爱好，且见邻国（指中国）皇室及寺院中茶文化发达之情形，深表羡慕，故极思再其本国内造成同样或更大的影响。彼亦携多量茶籽，分植各地，并将制茶常识传布国内。❶

---

❶ 威廉·乌克斯：《茶叶全书》，上海：东方出版社，2011 年，第 5 页。

# 第八章 泉州——在闽南蓬莱中寻找往日足迹

　　泉州，中国古代海上丝绸之路的起点，在那依山面海、山峦起伏，丘陵、河谷、盆地错落点缀的地势中，有着许许多多别具特色的自然风光。

　　"地下看西安，地上看泉州"，历史文化在这座城中积淀，名胜古迹星罗棋布地林立于其中……丰富的人文景观、别具一格的民俗风情和秀甲东南的自然风光交相辉映，更为泉州城平添了别具一格的风韵。

　　何妨自此一同结伴，顺着光影的脚步，流连在闽南蓬莱之中，一起去寻找那些隐藏在这座城中的往日足迹……

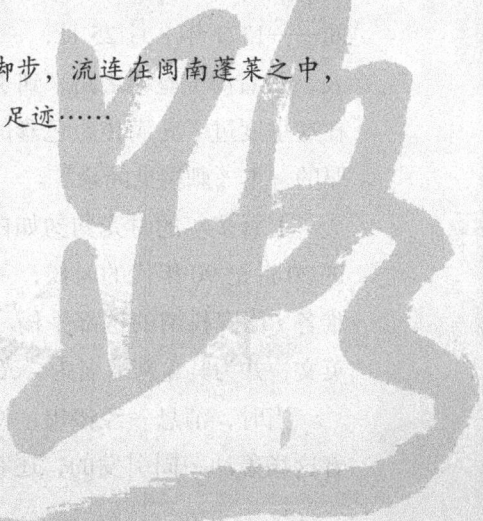

一

展开泉州的历史，你会发现其中蕴含的，是一个年代久远的华章。时光与历史在这个古老的城市中交汇，在光影流离的种种印记之中，镌刻下许许多多旧时斑驳但却难以被磨灭的足迹。

想要了解一座城，必定要先了解这座城的历史。早在七百多年之前，那一位自遥远的意大利跋涉而来、风尘仆仆的行者马可·波罗便已经给予了这座古老的城市一个极为壮丽的名字——"光明之城"。

当你真的静下心来，去寻找那些蛛丝马迹之后，或许你对泉州的印象会从抽象变为有形的轮廓，并且会变得越来越清晰、越来越深刻。在众多纷繁芜杂的资料之中，有一段发表在 2007 年初春关于泉州和"光明之城"的文字，悠然呈现在我们的面前。

根据那段作者的回忆，2006 年，国际汉学界曾爆出了一则新闻——1271 年 8 月 25 日，一位名叫雅各·德安科纳的意大利犹太商人，沿着海上丝绸之路来到了中国东南沿海的国际城市——刺桐港，在这里度过了充满传奇色彩的半年时间，并用古意大利文写下了厚厚的一本《刺桐见闻录》。

七百多年的时光匆匆如白驹过隙，荏苒流逝，当历史的脚步迈进 20 世纪 90 年代的时候，一位英国学者因一个偶然的机会获得了雅各·德安科纳的这部手稿。英国学者如获至宝，将其精心翻译成英文，并为其重新取名为《光明之城》。

当时，消息一经传出，便在各国学术界引起了不小的轰动，跟着这场轰动一同引发的，还有一场所谓的"真伪之辨"。据说当时关于这本手稿的真伪问题，令不少的专家学者费尽了心神，众说纷纭，却又辨不出个所以然来。在一片争议声中，美国一家出版社原定于2006 年 11 月出版这部译作，但是由于其存在"伪作"的嫌疑，而最终取消了出版计划。后来这部作品还是由英国一家出版社出版了，并且在书的封面写了这样一句极为有意思的出版寄语："在马可·波罗之前，一位意大利犹太商人冒险远航东方，他的目的地是一座中国都市，称作光明之城。"❶

　　非但如此，以上这段文字的作者还指出：众所周知的《马可·波罗游记》是一部由欧洲人撰写的，向欧洲以及全世界介绍中国的见闻录。但围绕《马可·波罗游记》本身的真伪问题，就已经争论了数百年之久，时至今日仍有不同的说法呈现。如果《光明之城》确实是真迹，它的出现，必然动摇到《马可·波罗游记》的历史地位，而且对研究中亚历史和中国 13 世纪的政治、经济、文化及中外交通都具有极为重要的意义。所以，《光明之城》的真伪问题，必将成为当今国际汉学界关注的一个"热点"。

　　当然，陈述完这样的一段文字之后，必须极为认真地说明的一点：作为一个单纯的游客，《光明之城》与《马可·波罗游记》这两部著作的孰是孰非、谁真谁假于我来说，实在不是关键所在。最重要的是泉州这座城市深蕴的历史让我为之深深折服。

　　徘徊在这座在中世纪❷有着四百多年辉煌历史的古城中，你总是能够在不经意之间察觉出那些历经沧桑但终究流传下来的印记闪现，让人对这一座城的历史感到肃然起敬，因为城中弥漫着的千古遗风，

---

❶　转引自施宣圆《泉州与＜光明之城＞》，《作家笔下的泉州》，厦门：鹭江出版社，1998 年，第 52 页。

❷　中世纪（Middle Ages，约 476—1453 年），是欧洲历史上的一个时代（主要是西欧），自西罗马帝国灭亡（476 年）到东罗马帝国灭亡（1453 年）的这段时期。"中世纪"时期的欧洲没有一个强有力的政权来统治。封建割据带来频繁的战争，造成科技和生产力发展停滞，人民生活在毫无希望的痛苦中，所以中世纪在欧美普遍被称作"黑暗时代"，属于欧洲文明史上发展比较缓慢的时期。

既古朴清雅又精致婉约，既内敛深沉又舒展奔放，让人禁不住为之深深萦绕……

一

"刺桐城"是泉州的另一个别称。

"刺桐"也叫象牙红，其得名缘于树干和老枝上长了瘤状锐刺。刺桐花开于春天时分，花期长达三个月之久。而它长出叶子的时间又总是晚于开花的时间，所以每每此时，你所能看到的，便是满树火红火红的花朵如火焰一般的热烈缤纷；而到了夏季，叶子茂盛之时，又是一树碧绿、郁郁葱葱。

刺桐原产于印度和马来西亚，因为古时海上丝绸之路的海外交通而移植进入泉州城。据说早在五代之时，为适应海外交通的需要，扩建了泉州城，泉州便已经遍植刺桐了。《晋江县志》记载："郡初筑城时，环城皆植刺桐，衙港夹道有之，故号刺桐。"当时"晋江王"从效初建泉州城时环城种植的刺桐极为茂盛，"刺桐城"的别称便是由此而来的。

最早记述"刺桐城"的便是13世纪末意大利旅行家马可·波罗以及那位名叫雅各·德·安科纳的意大利犹太商人了，他们都在由泉州回欧洲的时候，在各自的记述中将"泉州港"称为"刺桐港（刺桐城）"。

宋、元之时，大批阿拉伯人来到了泉州，他们依照刺桐城之意，将这一座古老的城邦称呼为："麦第涅特扎桐（Medient Jeytoun）"前一字意为"城市"，后一字则为"刺桐"的音译，因此，"刺桐城"的别称便一直沿用至今。

说到底，刺桐与泉州，早已经水乳交融，是众多文人与游客们眼中密不可分的整体——刺桐树与刺桐花成为一种符号，承载了泉州源远流长的历史与文化。

现代诗人、文学家郭沫若先生 1962 年游泉州时，写了一首《咏泉州》。该诗镌碑立于开元寺：

> 刺桐花谢刺桐城，法界桑莲接大瀛。
>
> 石塔双擎天浩浩，香炉独剩铁铮铮。
>
> 亚非自古多兄弟，唐宋以来有会盟。
>
> 收复台澎今又届，乘风破浪待群英。

这短短的 56 个字是郭沫若先生对泉州辉煌历史的礼赞，更是一种殷切、无限的希望与寄望。——细数在诗中出现的那些景致，从开元寺大殿前的"桑莲法界"匾额，到开元寺里桑开白莲的典故和远处的大海汪洋；从华夏之最的巨大石塔，到大殿里郑成功之父郑芝龙铸献的千斤铁香炉；从泉州出发到世界有名商港，到历代亚非友人来泉州贸易的悠久历史，时间之长，地域之广，气势磅礴，令人读之倍感心情振奋❶。

# 三

走在泉州这座古老的历史文化名城之中，你应当怀着一种深深叹服的心情，去细致地感受它不同凡响的所在：曾经的东方第一大港，海上丝绸之路的起点；巍峨矗立的东西双塔，"天下无桥长此桥"的五里古桥；奇异的泉南佛国，当之无愧的宗教博物馆；南派戏剧的重要阵地，唱成音乐"活化石"的南音❷。

追忆它的历史，才知道关于它的历史记录巨细无遗、面面俱到。

---

❶ 陈诗忠：《郭沫若游泉州》，载《城市博览》，2012 年第 3 期。

❷ 陈笃彬：《泉州历史上的人与事》，济南：齐鲁书社，2010 年，"自序"第 1 页。

从史前、先秦、秦、汉、三国、两晋、南北朝、隋、唐、五代、北宋、南宋、元、明、清到中华人民共和国,每一个时代都有它的篇章与记忆。

泉州的经济开发"早在周秦时期就已开始。三国吴永安三年(260年),在今南安市丰州镇置东安县治,南朝梁天监年间(502—519年)置南安郡作郡治,为本地设置县、郡治之始。西晋末年,中原战乱,大批中原士族入泉,多沿江而居,晋江由此得名。他们带来先进的生产技术和文化知识,使晋江两岸得到迅速开发。随着经济的发展和政治制度的变革,行政区划建制几度变迁。唐久视元年(700年)置武荣州,州治设今市区。唐景云二年(711年)武荣州改名泉州。此后,先后设有郡、州、路、府。中华人民共和国成立后设行政督察区、专区、地区,1986年1月撤晋江地区设泉州地级市"[1]。

作为中世纪"海上丝绸之路"的起点,泉州在东西方文明交流中的历史地位,是永远无法被忽视与替代的。

起源于南朝而发展于唐朝的泉州海上交通,到了宋元时期,泉州港的海上贸易活动已是空前繁盛,当时的泉州已发展为一个世界性的经济文化中心,被马可·波罗誉为"东方第一大港"。明清时期,由于中央政府实行闭关锁国的政策,泉州官商渐渐走向衰落,而私商贸易迅速崛起。大批泉州人移民海外,"侨乡泉州"更是因此而得名。

置身泉州,你又怎可忽略"福船"这一著名的船种呢?

福建最早的原居民是闽越族,早在春秋战国时期,他们就已"善于造舟"。1920年在福建连江出土的独木舟残件,便是一个极为有力的证据,说明早在当时人们便已经能够造独木舟用于海事活动了[2]。

---

[1] 福建省经济贸易委员会:《辉煌六十年——建国60周年特刊》,北京:国家图书馆出版社,2009年,第146页。

[2] 中华人民共和国国家旅游局:《走遍中国——中国优秀导游词精选(爱国史迹篇)》,北京:中国旅游出版社,2000年,第130页。

如今，依稀可见那种由当时独木舟发展而来的"舢写船"，形状极似一只栩栩如生的水鸟，这一只矫健的"水鸟"便是"福船"的前身。而在西元纪元后的16个世纪里，"福船"更以它优良的性能、先进的技术成为世界上最先进的船种之一。

船顺水而行，船与水向来都是相互依存的。既然如此，有了曾经红极一时的"福船"，泉州便也有了承载福船款款而来的"晋江"。

西晋末年，因永嘉之乱中原士族南迁。今泉州地区的王、林、陈、黄、郑、唐、邱、何、胡等姓氏，其祖先多由中原迁居而来。他们来到晋江的两岸，沿江而居，"晋江"这个名字便从此时而得。

两晋之后，随着作为海上航行工具的船舶发展越来越完善，泉州的海上活动也开始变得频繁而活跃起来。

南朝时，泉州港里已有大船载着满满的货物乘风破浪直通南洋而去。

历史上第一位来到泉州的外国人——印度僧人拘那罗陀（中国名真谛，499—569年）。据记载，他曾两次想由泉州乘大船前往狼牙修国（今马来西亚），都因遇到风浪未能成功。拘那罗陀在泉州九日山下的延福寺里，耗时多年，翻译出《金刚经》等佛经，为佛教的传播做出了一份贡献。

如今，你若是在泉州的老人面前，提起这位印度僧人以及他的那一段旧日传说，老人们必定会建议你前往九日山走一走，寻找一块名为"翻经石"的石头，因为那便是传说中拘那罗陀翻译经文之处。或许当你立于石头边上，你还可以静心聆听那清风之中的诵经之声呢。

唐代，是泉州港海上交通发展的重要时期。

当时，居于泉州城中的人家便有35 571户之多，想象一下那满城十几万人口的昔日该是如何的一番热闹、繁荣的景象吧。城市是喧闹的，经济是发展的，应运而生的是不断发展、颇具规模的农业、织造业、陶瓷业、冶炼业……这样的繁荣奠定了后来的泉州在宋元时期成为一个世界性的经济文化中心的基础。正因为如此，这个时期泉州的海外贸易、交通发展十分迅速。

1982年，在开元柳三娘佛塔中的"佛顶尊胜陀罗尼经"石经幢上，刻有"海路都指挥使"的名称，这个名称正是五代时期泉州专设的管理海外贸易的官职名称。需要专人专设来管理海外贸易，可见当时泉州的海外贸易达到了何等红火的程度。

1925年，在泉州湾后渚港出土的一艘残长24.2米，宽9.15米的宋代古船，复原之后，它的长度可以达到36米，宽11米，载重量200吨以上，是当时泉州所造的中型货运海船。该船有13个水密隔仓，水密隔仓技术在中国的运用始于唐代，足足比欧洲早了1100多年。细致观察，你还能够从这样的一艘船模上发现，它的船锚采用木爪石碇的结构。近百年来，在日本、朝鲜等地发现有不少与泉州船雷同的石碇，如此种种，都是古代泉州船为我们留下来的历史足印，这些足印有力地证明了古代海上丝绸之路那段繁荣昌盛的辉煌历史，令你我引以为荣。

# 四

当泉州船在辽阔无边的汪洋大海中乘风破浪地航行，那一路翻腾的浪花里涌动着历史的篇章。

从海外交通贸易的航线上看，从泉州出发的海上丝绸之路航线主要有两条，一条前往东洋❶，一条前往南洋。

---

❶ 指日本。战国时代，中国最早称日本为"倭"，古代中国还常以"扶桑"来表示日本。另外，东夷、海东、东瀛、蓬莱、瀛洲、蓬瀛等称呼也散见于中国典籍之中，可见日本与中国渊源之深。

往东洋而去的，从泉州港北上，经东海至山东，横过渤海，沿朝鲜西海岸，到达日本九洲；或者过舟山群岛，沿江苏海岸，横渡东中国海，进入朝鲜，后沿朝鲜西海岸北上开城或转口日本诸岛。往南洋而去的，从泉州港出发，经澎湖转运，或南下，到东南亚诸国，后沿印度半岛到波斯湾，穿过红海到达埃及和非洲地区❶。

"南洋"是明清时期对东南亚一带的称呼，它是一个地理概念，一个以中国为中心的概念。其中包括马来群岛、菲律宾群岛、印度尼西亚群岛，也包括中南半岛沿海、马来半岛等地。那时华侨去东南亚谋生被称为"下南洋"。"西洋"在明朝时指印度洋一带，到清朝时指欧洲。后来又把日本称为"东洋"，是相对于西洋而言。

不知道从什么时候开始，每每论及泉州，人们总是会很自然地想起"海上丝绸之路"来。而提及这一段历史，又怎能不说一说著名的"泉州窑"呢？

晋江溪口山曾经发现"泉州窑"窑址。窑址有两处，一在碗窑乡，一在磁灶。碗窑乡窑址面积较大，遗存颇丰，产品以青白瓷为主，兼烧制青釉器。烧造时代为宋代。磁灶窑窑址包括许山、官仔山等九处，烧造青釉、黑釉瓷器，装饰繁杂，持续时间较长，兴旺于南宋至元代。泉州窑产品颇具地方特色，如青釉壶，胎薄形小，造型与江南青瓷壶迥异。

唐朝之时，随着海外贸易航线的开通，泉州陶瓷业骤然兴起。宋元时期，由于泉州港的兴盛，海上丝绸（瓷）之路开始形成，中外文化互动日益频繁，泉州陶瓷业一片繁荣，泉州窑青瓷、青白瓷、酱釉瓷、黑釉瓷大量外销，并承接海外订货，专门生产外销瓷器。

明清时期，随着青花釉下彩绘技术的传入，泉州民窑青花异军突起，产品品质优良，成为海上丝绸（瓷）之路的畅销商品，大量销往

---

❶ 陈建中、曾萍莎：《泉州窑与海上丝绸之路古外销瓷及相关问题的探讨》，载中国古陶瓷学会编：《中国古陶瓷研究》第十四辑，紫禁城出版社，2008年，第212页。

东南亚、欧洲和非洲。正因如此，泉州窑便理所当然地成为当时外销瓷生产的大窑场，为海上丝绸之路的发展和繁荣发挥了重要作用。

人在泉州，"蚵壳厝"是非看不可的。顾名思义，"蚵壳厝"就是用蚵壳（闽南语中，厝乃房屋之意，蚵就是海蛎）建造的房屋。泉州作为古代海上丝绸之路的起点，宋元时期东方第一大港，从这里开始的海上贸易活动给泉州在饮食习惯、宗教信仰、建筑风格方面都带来了深远的影响。蚵壳厝就是一个别具特色的例子。

如果你有机会去一趟泉州的蟳埔村及沿海一带，便能看到那些由当地人拾蚵壳拌海泥建起的一座座蚵壳厝，这一座座极具特色的贝饰民居，极为别具一格，其巧妙、精湛，构成了闽南沿海的一道独特的民居自然景观。

据说，蟳埔村的蚵壳厝始建于宋末元初。更有人考证建造蟳埔村蚵壳厝所用的蚵壳并不是泉州原产的，它来自于遥远的非洲东海岸。

当年，泉州作为中国对外贸易的重要港口，大批载满丝绸、瓷器的商船从蟳埔起航，沿着闽南沿海航行到达南洋，经印度洋、非洲东海岸，到达非洲北岸。返航时，为了维持商船的重心平衡，以利于航行，于是船员们就将散落在海边的蚵壳装在船上压舱，载回来后就堆放在浔埔海边。元末明初，原本富庶的泉州，经常受到倭寇的侵扰，曾数度遭遇劫难，泉州人民因无力重建新房子，就因地制宜捡些碎砖石砌成"出砖入石"的墙，再把海边的蚵壳捡来嵌饰在墙的外侧，这就是早期的蚵壳厝的由来了。

泉州一行，行色匆匆。在夕阳的陪伴下，我踩着缓慢且留恋的脚步往下一座城的方向走去，心底却忽然泛起了一阵阵留恋与不舍。我留恋的，是一座城的历史，我邂逅的，是海上丝绸之路的风情。就在历史的边沿或者遗迹之上，是执着的目光流连。

也许，在你我的一生之中，寻寻觅觅，与很多人遇见、相识、告别、重逢……但是你我的心，却终将永远厮守在某一座丝绸之路的古城中。但请记住，这并不是将心灵禁锢起来，而是因为热爱而心甘情愿地将自己的根深深扎进这一片土地。

# 第九章 漳州——在海滨邹鲁中寻找东篱黄菊

漳州城位于福建省东南部，东临厦门、南与广东交界，与中国台湾隔海相望，是我国的"田园都市，生态之城"。

漳州城还是著名的"鱼米花果之乡"，素有"海滨邹鲁"的美誉，漳州与广州港、泉州港都是古代海上丝绸之路名港。16世纪后期，漳州月港（今漳州市龙海市海澄镇）开放海禁，准许出洋贸易，发展成为环绕全球、联系东西方的海上丝绸之路的重要节点城市。

一

古教堂、旧式家具、版子很老的字典以及古版的书籍，我们是喜欢的，但大多数的人忘却了老年人的美。这种美是值得我们欣赏，在生活是十分需要。我以为古老的东西，圆满的东西，饱经世变的东西才是最美的东西。

——林语堂《生活的艺术》

林语堂先生在《生活的艺术》这本书中说的这段话十分中肯，诠释了时空之中那些美，都是需要沉淀的。沉淀是种底蕴，是种艺术，是时光留给后人最好的礼物，是世间最难求的珍宝。

当走进漳州城时，心中对林先生这句话的感触更加深刻。因为漳州这座城有着深厚的历史文化积淀，并且这里就是林语堂先生的故乡。

乡情宰（怎）样好，让我说给你。

民风还淳厚，原来是按尼（如此）。

汉唐语如此，有的尚迷离。

莫问东西晋，桃源人不知。

父老皆伯叔，村姬尽姑姨。

地上香瓜熟，枝上红荔枝。

新笋园中剥，早起（上）食谱糜（粥）。

膊脍莼羹好，吭值（不比）水（田）鸡低（甜）。

查母（女人）真正水（美），郎郎（人人）都秀媚。

今天戴草笠，明日装入时。

脱去白花袍，后天又把锄。

乙（黄）昏倒的困（睡），击壤可吟诗。

读得懂上面的这首诗吗？理解得了隐藏在字里行间的浓浓乡情吗？这是林语堂先生晚年所写的一首五言诗，诗中的语音韵律，便是林先生眷恋了一辈子、时刻忘不了的乡音——闽南话。

一直以来，闽南话除了在闽南、台湾地区流行之外，在闽东北的一些地方、大陆部分地区，甚至是一些东南亚国家和地区的华人之中都相当流行，闽南话之所以会有如此广泛的流传，主要与历史上闽南人的迁徙和移民有关，此外，还与我们一直寻访的海上丝绸之路有着紧密的联系。

闽南地区的海外交通发展很早便已经开始了，唐代之时，泉州便同非洲、中东的一些国家有了交通贸易往来，从南宋一直到元代，泉州港便成为当时世界最大的贸易港口之一。

此后，漳州城的月港和厦门港，也先后成为被世界所瞩目的重要港口。闽南人到了异国他乡之后，在进行海外贸易时，自然也将闽南话带了出去。这些因为生意关系或者为了生计而离乡背井、随着海上船只远渡南洋的闽南人们几百年来在异国他乡繁衍生息，并将闽南话传播到南洋各国，生根发芽。比如，福建闽南地区的闽南话、台湾地区的闽南话与新加坡、马来西亚、菲律宾、印度尼西亚等国家的闽南话的语音语义都是极为接近的，人们将其戏称为"讲会通"，这便是源头相同、万变不离其宗的缘故。

"海滨邹鲁"是漳州城人尽皆知的美称。早在唐朝垂拱二年（686 年），漳州刺史陈元光便提倡"奖掖农耕、通商惠工、兴办庠序、移风易俗"❶，使得中原先进的生产技术得以在漳州流播，从此彻底改变了"火田畲种无耕犊"的刀耕火种的原始生产方法，使漳州城从原始落后状态彻底过渡到"杂卉三科绿，嘉禾两度新，俚歌声靡曼，秫酒味酕醇"❷的初步繁荣文明的社会景象。

❶ 何池：《陈元光〈龙湖集〉校注与研究》，厦门：鹭江出版社，1990年，"前言"第1页。

❷ 《漳州府志·艺文篇》，《永乐大典方志辑佚》第二册，马蓉点校，中华书局，2004年，第1163页。

随着漳州城的步步繁荣，一座座的书院，也开始在这里兴起。
如：松州书院在福建省漳州府，"唐陈珦与士民讲学处"❶。两宋时
期，兴办书院在漳州城中最为流行，当时，名儒孜孜不倦地授徒讲
学，形成了"每旬之二日必领属官"的社会风气。宋绍熙年间（1190—
1194年），朱熹任漳州知府，他一生热心于教育事业，"下州学视
诸生，讲《小学》以正其义；六日下县学亦如之"❷。元代中书省题
颂朱熹的一幅匾额"闽中尼山"，又题褒"海滨邹鲁"。漳州城"海
滨邹鲁"的美称便由此而来。

<h1 style="text-align:center">二</h1>

人们总说："重走海丝路，入得漳州城，月港，自然是一个非
去不可的所在。"

旧时的月港，如今的海澄镇位于九龙江的入海处。因为"一水
中堑，环绕如偃月"的港道而得美名。

在海澄镇关于海上丝绸之路的历史记忆之中，最伟大的成就莫
过于那一条由西班牙建立的、跨越了太平洋的马尼拉大帆船丝银贸
易航线。通过这条航线，中国的丝绸第一次大批量地通过水路被运
到了美洲大陆，据说当时美洲开采量一半以上的白银（约12 620吨）
都被用于购买月港商船带来的中国丝绸，根据《马尼拉大帆船》的
记载，比较风行的丝绸产品有漳绒（天鹅绒）、生丝、丝质纱绢等
丝织品。

月港始兴于明景泰年间（1450—1456年），明万历年间（1573—
1620年）达到鼎盛，明天启年间（1621—1627年）走向衰落，终止

---

❶ 同治《福建通志》卷六十四，《书院》。

❷ 清光绪《漳州府志》卷二十四《宦绩·米熹》。

于清康熙二十三年（1684年）厦门成立海关。漳州月港，与汉唐时期的福州港，宋元时期的泉州港，清代的厦门港，并称福建古代"四大商港"。

在月港浓郁的海洋文化氛围之中，造船通番是古老的习俗。顾炎武曾说："闽人通番，皆自漳州月港出洋。"❶当时，月港与泰国、柬埔寨、北加里曼丹、印尼、苏门答腊、马来西亚、朝鲜、琉球、日本、菲律宾等47个国家与地区有着直接商贸往来，并通过菲律宾吕宋港为中介，与欧美各国贸易。从15世纪末期到17世纪，这座对外贸易商港一直都呈现着"海舶鳞集，商贾成聚"的繁荣景象，是闽南的一大都会。即使是在明初，朝廷施行"海禁"之时，月港也得利于其"天高皇帝远"的地理因素，而使得朝廷政策施行不力，成为沿海对外经济贸易的中心。一句"市镇繁华甲一方，古称月港小苏杭"，便是当时对于月港的最美赞叹。

还记得那个秋日的黄昏，站在旧时月港的码头边，望着那漫天的红霞，看着九龙江上笼罩着的一层金色的辉煌，听着浪花轻轻拍打在码头垒石上的声响，声声清亮而孤寂，穿透层层叠叠的历史时空，一直将你我的思绪拉回到数百年以前。

作为一个位于漳州龙海的隐蔽小港，月港在明代便已开始崭露头角，步步发展，最终成为明清时期海上贸易的始发港，更于明朝中后期成为当时唯一合法的对外贸易港口。想象一下那时的热闹场景，人潮涌动、商贾如云，一番别具韵味的天地。而如今沧桑如水已逝，昔日的繁华早已不再，如同美人迟暮，临水而忆，唯有一艘艘小小的渔船捕鱼而归，憩息停靠。

月港有七座码头，饷馆码头、路头尾码头、中股码头、容川码头、店仔尾码头、阿哥伯码头、溪尾码头。其中的饷馆码头是至今

---

❶ 顾炎武：《天下郡国利病书》卷九十六"福建"五，上海文瑞楼据光绪二十七年二林斋存版图书集成局铅印本影印。

唯一一个仍在使用的码头。当年从华安、平和、漳平甚至江西境内，无数货物顺九龙江支流聚集月港，等待出洋，带着异国情调的商品也同样云集于此。这七座码头顺九龙江入海口由西往东分布，每个码头相距不过数百米。另有内港码头多处，皆为石砌的坡式小道头（比一般码头小，以便船只短暂停靠），这是闽商走向欧洲、面向世界的铮铮见证。

明朝隆庆元年（1567年），明朝政府在月港开放"洋市"，准许商船从这里前往东洋、西洋贸易。而在此之前，月港却早已通过民间走私贸易而名扬海内外。

时至今日，月港的人们依旧能够念出这些残存的码头的名字。当年，这些连接着各个码头的小路，一直连接到最热闹的贸易集市，在原来的古街里头，经营着各式各样的商铺，豆饼行、米行、药材行……琳琅满目，应有尽有。时至今日，我们依旧能在镇里的旧地名中，寻找到一些当年的蛛丝马迹，例如铸鼎巷、鱼市、十三行等。据史载，到了清末，鱼市一天仍可以销售鲷鱼三十担……脚底下这些早已被磨得光滑的石子就是一种见证，见证了当年月港商业繁荣发达的景象。

走在一条条用石子铺成的小路之上，夕阳从背后照射着我，我任由影子在脚下勾勒出一片长长的痕迹。我低着头，一脚深一脚浅地行走着，心中升腾起一个念头，假若可能，便让我将自己的身影揉进这一颗颗的石子里吧，让它凝固在那里，再经过几百年的风吹日晒，成为时空的剪影，等待另一个有心之人来将它寻找。

# 三

从海澄镇寻访完月港之后，有一个古渡口是非去不可的。因为有了它的存在，漳州的特产才得以运往月港出洋，而从月港运来的海外货物，也必须经过这里集散到漳州各地。它便是——"浦头港古渡头"。

漳州城中，流传着这样一句谚语："东门金，南门银，西门马粪，北门苍蝇。"这是当年古街区的繁荣写照。明清时期，浦头港繁华十里，客商云集，贸易兴隆，谚语中的"东门金"，指的便是这里。当年的浦头港曾有四个码头：周爷楼（即文英楼、定潮楼）码头、米坞码头、大庙前码头和广兴码头。每天有上百艘商船满载着外埠的各种日用品在这四个码头上装卸、进出。

《漳州府志》记载，明嘉靖十三年（1534 年），城内有二十一街一巷。附廓设四厢，乡村设十五都。明朝后期，漳州月港开"洋市"对外贸易，漳州生产的漳纱、漳绣、漳绢、漳绒、柑橘、荔枝、蔗糖等特产大都从浦头港运往月港出洋。包括浦头渡口在内的东门古街区成为商品集散地，客商云集，贸易繁盛，逐渐形成居民聚集、店坊罗列的街区。

由于当时船运行业的发达，一种另类的行业也因此而产生——"船霸"。假若有朝一日你去到浦头港码头，别忘了在定潮楼附近寻找那一块记录着清道光五年（1825 年），龙溪县知事应商家要求，严禁船霸强载棉花而发布的告示的石碑。从这块石碑的字里行间，当年码头的繁华盛况便一览无余了。

浦头港向来都有"漳州庙宇博物馆"的美称，这是因为林立着许多别具特色且颇有历史的庙宇。数百年的时光荏苒，这些庙宇依旧静默不语，如同一位阅尽沧桑的老者，他的身上记载着说不完、猜不透的往昔。

"发因寺"（又名"祈保亭"）就坐落在丹霞路与新浦路之交浦头港边的庙宇街上。这是一座与弘一法师有着莫大渊源的庙宇，抗日战争初期，弘一法师曾经在这里居住和讲经。那时正是抗日、战火弥漫之际，人们的心中对未来充满了困惑和迷茫，弘一法师的到来，为人们点起了一盏明亮的心灯。弘一法师在漳州生活期间，漳州城中原本已经沉寂了多年的佛教又再一次兴盛起来。

顺着发因寺向东而行，你便可见到一座在古码头上以石柱支撑而建的石木结构的古建筑，一头面向浦头港，另一头则面向盐鱼市。它便是著名的"定潮楼"（又称"文英楼"），由于楼上祀有关羽部将周仓的神像，所以又名"周爷楼"。

在漳州城的最后一夜，恰恰逢上一晚的大雨，雨点打在窗棂之上，我唱了整整一个晚上的歌，直到清晨才渐渐入眠。

推开窗门，我看着稀稀落落的花草树木与城墙楼阁，心中有种宛若新生的感觉。我忍不住一阵触动，于是在微黄的台灯下，伴着一杯清水，提笔写下这样的一句话："百世轮回，每一程都将是宛若新生的美丽，在兜兜转转之中，寻寻觅觅二百载……"

# 第十章 宁波——在暖暖甬城中寻找呢哝吴语

在东海沿岸，有一颗古老的明珠——宁波，从前曾叫明州，汉武帝时，从句章（今宁波）到东越的水道就已经打开。唐时，明州迁治三江口，成为四大名港之一。宋元时期，明州港成为我国三大国际贸易港之一，至北宋时，明州成为中国通往日本、高丽的特定港。明代的宁波港成为中日勘合贸易的唯一港口，被誉为古代海上丝绸之路的"活标本"。

一

海定则波宁。

如此一番波澜壮阔又安逸繁荣的景致，于字里行间早已淋漓尽致，令人向往。这便是宁波的魅力所在。

早在周朝之时，宁波便已经有了另一个极为生动形象的称呼——"甬"。

"甬"字是古代大钟的一个象形字，在《辞海》之中释义为"钟柄"。

早在2400多年前的春秋时期，宁波城还未真正被唤作"宁波"之前，仅有"鄞（yín）"和"句（gōu）章"这两个地名，隶属于越国，是越王勾践的领地。春秋后期成书的《国语·越语》载："勾践之地，东至于鄞。"

公元前473年，越王勾践经历了十年的卧薪尝胆之后，终于得以一举攻破吴国，并生擒吴王夫差于姑苏山上，然后准备将其流放到荒凉的舟山岛。对这段历史，《国语·越语》为此记载："请达王甬句东。"春秋时期左丘明所著的《左传》也写道："请使吴王居甬东。"

除此之外，司马迁也在《史记·吴太伯世家》中提到"甬"这个地方："越败吴。越王勾践欲迁吴王夫差于甬东，予百家居之"。

这里的"甬"和"句"，即指今宁波，而"甬东""甬句东"则指现在的舟山岛。

那么这座留下过越王勾践和吴王夫差斗争印记的城又是如何改"甬"和"句"之名，成为"甬"的呢?

对"甬"字的来历，《国语·吴语》注曰："甬，甬江。"可见，"甬"之名源于甬江，而甬江又源于甬山，即今鄞县与奉化交界处的江口镇塔山，它发源于四明山麓，是雪窦山的余脉，山南为奉化，山北为鄞州。在《奉县志》上也有这样的记载，说甬山的外形很像大钟，并且山上的水源丰富，水满则涌，而"甬"即含"涌"的意思，故称甬山。所以《辞海》里解释："甬，浙江省宁波市的简称，因境内有甬江而得名。"

在春秋时期，鄞、甬已十分出名，而且地域辽阔，到秦朝建鄞县时，其地域包括今鄞西以及奉化全境和宁海、象山一部分，甬江成为奉化通往外界的主要水道。所以，当时甬江名气已经很大，鄞、甬两个地名同时并存，指同一地域，但那时所指的甬江，是从剡江、鄞江和奉化方桥方向流来的东江汇合处开始，一直到镇海口出海为止，而不是指今天的甬江。

甬江流经的区域古时被称为"甬地"。

春秋时期宁波为越国境地，秦时属会稽郡的郯、鄞、句章三县，唐时称明州；明洪武十四年（1381 年），朱元璋取"海定则波宁"之意，改明州为宁波。

# 二

与其他的"海上丝绸之路"所历经的城市一样，航海与宁波城向来有着密不可分的关系。

《逸周书》称："成王时，于越献舟。"

《慎子·逸文》记载："行海者坐而至越，有舟故也。"

有专家学者根据这样的记载认为，宁波城最早的航海记录开始于公元前 10 世纪之时。

当时，能够沟通钱塘江、长江、淮河、黄河的运河尚未开凿，于越献舟必走海道。另据近人张道渊考证分析："于越所献之舟乃是构造较常舟完备伟大之海船也。其船造于宁波市或其附近之江岸，盖呈献时便于下水出海也。"并云："《慎子》所记为宁波市航海之最古记录……宁波市实为中国造船与航海之发轫地也。"❶

喜欢就这样安静地沉溺在各种各样的史料记载之中，寻找时光的印记，感受流年的脚步。

一个夜雨纷纷的深夜，我在橘黄色的灯光下，在网上翻阅着一些电子书籍，一段段关于宁波与航海的记载悠然地浮现在我的眼前。

《鄞县舆地志》："邑中以其海中物产方山下贸易，因为鄮县。"

所谓"方山"，即宁波市东的鄮山，说明秦时已成为海外贸易的港口。

《方舆胜览》引《四蕃志》："以海人持货贸易于此，故以名山。"

查阅种种资料，我找到这样的一段记载：汉武帝元鼎六年（前111年），"东越王余善反，遣将军杨仆将兵讨之。仆遣将军韩说出句章浮海，求夷洲及亶洲"。

韩说统率的海军即是从宁波港出发的，亶洲、夷洲指日本西南部岛屿及我国台湾地区。

道光《宁波府志》转引《汉武洞冥记》云："其上（指日本）人民时有至会稽物布；会稽东县（指句章，即古宁波）人海行，亦有遭风至亶洲者。"会稽东县当指句章，即古代的宁波。

出土的碑石方万里《来安亭记》中写道："会稽海外有东鳀人，时至会稽市。"三国时，"吴大帝黄龙二年（230年），正月，遣

❶ 张道渊：《宁波市在国际通商史上之地位》，《国风》，1933年，第3卷第9期。转引自袁元龙、洪可尧《宁波港考略》，《海交史研究》，1981年第3期，第73—84页。

将军卫温、诸葛直将甲士万人，自会稽浮海，求夷洲及亶洲"，即自宁波出发。

这些林林总总的记录都表明，早在两汉时期，宁波、我国台湾岛以及日本列岛之间便已经开始有海上船只的往来航行了。汉、吴船队入海航行也多是从宁波起航的。

这或许与宁波城的天然地势有着莫大的关系。因为甬江经宁波北流入海，甬江江面宽阔，航道畅通，港口向东，呈喇叭形，喇叭口外有舟山群岛作为屏障。这种优越的天然地理条件，使得宁波成为我国最早的海上贸易港口之一。

每一个人心中，都必然会有一段始终绕不开的记忆。比如感情、往事……这些点滴会一直沉积在内心深处，我们习惯于将这样的记忆唯美地称为"堆积情感"。

回过头来，仔细想想，但凡有时间流淌的地方，又何止只有人才会有绕不开的记忆呢？

绕不开的记忆，人如是，事与物亦如是。

"书藏古今，港通天下"——是宁波的城市形象主题口号。

宁波面向大海，因港开放，因港而兴，极有"面朝大海，春暖花开"的美丽韵味。从古至今，港口都是宁波城市的生命线，而谈及海上丝绸之路，港口是在宁波城中绕不过去的话题。

从唐代起，宁波就成为中国对外贸易的港口，是中（明州、登州）、日（日本博多）、韩（新罗清海镇）"东亚贸易圈"中的四大枢纽港之一。宋元时，明州（宁波）已成为全国最著名的对外贸易三大港口之一（广州、明州、泉州），尤其在宋代，成为朝廷指定通往日本、高丽（朝鲜）的特定港口。明朝时，宁波港是朝廷指定接待日本勘合贸易❶船的唯一港口，港口登陆地遗址在海曙区东渡门至渔浦门沿江码头一带。❷

---

❶ 明代通过对外国发给凭证以限制外商来华的一种贸易制度。

❷ 郑磊：《海曙曾见证"海上丝绸之路"的繁荣盛景》，《宁波日报》，2015年8月13日。

透过宁波的史料中关于海上丝绸之路的记载，我们仿佛看到了作为宁波最早的"宁波港"港埠的三江口当年那一番"商船辐辏，八方通衢"的盛景。根本无须费力地想象，便已在字里行间，看见点滴清明。

要知道我是多么向往能再次领略千年之前的唐宋时期，三江口处那桅樯林立、千帆待发的热闹场面啊。尽管我们都深深明白，经过历史沧桑的变幻与重塑，曾经的"东渡门""和义门"如今皆已不复存在了，但是就在三江口附近遗存的"市舶司遗址（来远亭）""波斯巷遗址"等与海上丝绸之路有关的遗址，却是历史留给你我最珍贵的礼物。

# 三

在宁波江厦公园中，一座占地面积97平方米、高6.9米的园林景观建筑静静地矗立着，就是与海上丝绸之路息息相关的——"来远亭"，只见它的南、西、北三面由喷水池包围，其间各有青石平桥连接，镂空造型，亭内装着一本厚厚的"书"，记载着来自远方船舶的往事，再陪衬着周围的一片蕴绿，像一位旧时光中的精灵，回望着曾经，展望着未来。

这里曾经是"市舶司（务）"的所在之处。

所谓的"市舶司"是指在宋、元及明初在各海港设立的管理海上对外贸易的官府，是古时管理对外贸易的机关，负责检查进出船只商货、收购专卖品、管理外商，有如今时的"海关"一般。

享有"宁波乡土文献名著"美誉的《四明谈助》记载：

滨江庙左，今称大道头，凡番舶商舟停泊，俱在来远亭至三江口一带，帆樯矗竖，樯端各立凤鸟，青红相间，有时夜燃樯灯。每

遇闽广船初到或初开，邻舟各鸣钲迎送。番货海错俱聚于此。"❶

　　据考证，五代时期，宁波已经设有近代海关的萌芽形式——博易务。

　　到了北宋，宁波城中不但建起了一批由石头砌成的海运码头，并且根据当时宋王朝对外贸易发展的需要，设置了一整套专门管理对外贸易的市舶司。当年在灵桥城门北所设的市舶务城门，人称"来安门"，来安门中便是占地面积在 12 000 平方米以上的市舶司（务）以及市舶仓库的所在之处。

　　市舶务（库）是一道关卡，更是历史最好的见证，所有从海外而来的舶货必须在来远门处经检核再办理相关的手续，之后方可进入市舶务门，然后再运至市舶务内的市舶库贮藏。

　　在如今宁波东门口附近、日新街边上，还有一块波斯巷遗址石碑，很少有人知道这块石碑。历史上，曾经有许多波斯和阿拉伯商人前来宁波经商，并聚居在宁波。

　　出生于农历三月二十三妈祖诞辰的我，向来对妈祖文化有着浓厚的兴趣，所以对每一个与妈祖文化相关的所在都很敬仰。如果你能来一趟宁波，千万别忘了到市区三江口的东岸，去看一看庆安会馆。庆安会馆，又名"甬东天后宫"。清咸丰三年（1853 年）为甬埠北洋船商捐资建成。它既是祭祀天后妈祖的殿堂，又是行业聚会的场所，更是江南现存的唯一融天后宫与会馆于一体的古建筑群。

　　安澜会馆位于庆安会馆南侧，始建于清道光六年（1826 年），又称"南号会馆"，是甬埠行驶南洋的船商航工聚会、娱乐以及日常办公、议事的主要场所，同样建有祭祀妈祖的神殿——天后宫，是清代宁波妈祖文化传播的场所。两所会馆主体建筑构造独特，工

---

❶ 徐光晷：《四明谈助》卷二十九《东城内外下·环富亭》，宁波：宁波出版社，2000 年，第 945—946 页。

艺精湛，是宁波作为海上丝绸之路始发港的标志性建筑❶。

妈祖是我国东南沿海的海上庇佑神，千年来一直受到沿海渔民与船商的景仰，历来，但凡是名盛一时的航运码头以及船商活动中心，都会建有妈祖庙以祈福，庙中香火经久不衰。

妈祖无疑是位神通广大并且慈爱世人的神仙，沿海流传着她普度救人的传说，元人程端学曾在《（鄞）灵慈庙记》中记载了关于一段宁波妈祖普度救人的故事：宋绍熙二年（1191年），有福建船商沈法洵，因"经南海遇风，神降于舟以济，遂指兴化分炉香以归，见红光异香满室，乃舍宅为庙址"。

书中福建船商沈法洵舍宅所建的庙宇，便是宁波城中的第一座天妃宫。很可惜的是，这座天妃宫如今早已被湮没。

宋代之时，妈祖庙所在之地，都是当时繁荣一时的航运码头所在地。到了元朝，朝廷更是对一心佑护航运以及船员的妈祖特别崇敬，当时的宁波城是漕粮海运航线上的重要港口。元天历二年（1329年），文宗皇帝还专门遣使祭祀庆元天妃庙。此时宁波已建有数座妈祖庙，据《镇海县志》记载，镇海于元至正十六年（1356年）在招宝山建造天妃宫。清代"开禁"后，宁波港口贸易得到持续发展，妈祖信仰的传播也达到鼎盛时期。在此期间，宁波共建造了大大小小的妈祖庙40余座。妈祖文化的信仰与传播，与海上丝绸之路渊源深厚。

很可惜，那年宁波城的一程旅途，终因自身的一些缘故而匆忙结束，如今回忆起来依旧觉得有些惋惜。不过转念一想，这样何尝不也是一种缺陷而造成的美呢？

很多时候，旅途也如同人生一般，十全十美是几乎不可能的。因为在一次又一次的行走之中，我们学会了折中，学会了释怀，学会了坚信：不必在乎目的地，而是在乎沿途的风景以及看见风景时的美丽心情。

---

❶ 黄浙苏：《论妈祖信仰对宁波海上丝绸之路发展的作用》，载李英魁《宁波与海上丝绸之路》，北京：科学出版社，2006年，第333页。

# 第十一章 杭州——在人间天堂中寻找西子风韵

随着海上丝绸之路的发展，在唐宋时期，形成了比较繁华的广州、泉州、明州、杭州四大港口，在海上丝绸之路和整个丝绸之路史上占有重要地位，直到今天其仍是著名的港口。唐代杭州就是东南交通的枢纽，吴越时期即与日本、高丽等国发展了外交、商贸关系。北宋时期杭州设置市舶司，马可·波罗在他的游记中称杭州是"世界上最美丽华贵的'天城'"。元代时，杭州还设有市舶司，管理海外贸易。

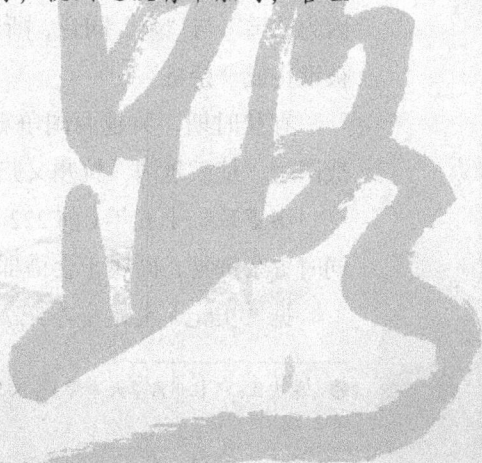

一

在时空长河之中，中国如同一颗璀璨的明珠，一直散发着深厚的文化气息以及历史浓情，在漫长的历史岁月之中，中国出现过众多的政权，从三皇五帝、夏、商、两周、秦、两汉、三国、两晋、南北朝，到隋唐五代、辽、两宋、金、元，再到明清，这些出现在"二十五史"中被视为正统的朝代中，有过历史记载的、曾经是主要政权的首都，都被后人称之为"古都"。西安、洛阳、南京、北京、开封、杭州、安阳、郑州是历史上举世闻名的八大古都。五代时期的吴越国和南宋王朝都选择在杭州，这个被誉为人间天堂的城中定都。

早在四千七百多年前，杭州便开始有了人类生息繁衍的烟火之气，随之而产生的良渚文化，更被誉为是人类文明的曙光。

西周之前，相传大禹到会稽（今绍兴）赴诸侯大会，在此"舍航登陆，乃名杭，始见于文字"❶，并因此而得名"禹杭"，只不过因为"禹"与"余"同音，所以在日后漫长的红尘沧桑中，"禹杭"被讹传成"余杭"。

春秋时期，吴越两国争霸，杭州先属吴，越灭吴后，又属越。战国时，楚灭越国，杭州又归入楚国的版图。

秦王政二十五年（前222年），秦灭楚，于今杭州地域置钱唐县，同时置余杭县，同属于会稽郡。

据《史记·秦始皇本纪》记载："三十七年十月癸丑，始皇出

---

❶ 柴虎臣：《杭州沿革大事考》。又见陈善等修：（万历）《杭州府志》第1卷"沿革"，第2页。

游……过丹阳,至钱唐,临浙江,水波恶……"

虽然只有短短的一句话,但这却是钱唐之名最早见于正史记载的所在之处。

汉朝建立之后,承秦制,初期实行道、邑、侯国并行制。汉高祖五年(前202年)正月至六年春,钱唐县境属于韩信的楚王国。六年(前201年)春,立刘贾为荆王,属荆王国。十二年(前195年)立刘濞为吴王,属吴王国。汉景帝前元四年(前153年),诛吴王濞,钱唐县复属会稽郡,隶属于江都国。武帝元狩二年(前121年),废江都国。会稽郡西部都尉治(郡级治安军事机构)从山阴县(今绍兴)迁治钱唐县。元封五年(前106年),会稽郡隶扬州刺史部。平帝元始四年(4年),改钱唐县为泉亭县,王莽建立新朝承袭之。东汉初,复钱唐县旧名。

三国时,钱唐县属吴国,并为吴郡都尉治,隶属于扬州。两晋时期,钱唐县仍属吴郡。

隋文帝开皇九年(589年),灭陈,废钱唐郡,并桐庐、新城入钱唐县,割吴郡盐官(今海宁)、吴兴郡余杭及富阳、於潜共5县置杭州,杭州之名始于此。

唐朝时期,高祖武德四年(621年),改余杭郡置杭州,为避国号讳,改钱唐县为钱塘县。

五代十国时期,吴越国偏安东南,建都杭州。当时的杭州称西府或西都,州治在钱塘。

北宋时,杭州为"两浙路"的路治,是江南人口最多的州郡。

南宋高宗建炎三年(1129年),高宗避金兵自扬州南渡至杭州,以州治为行宫,升杭州为临安府,亦称行在所。绍兴八年(1138年),南宋正式定都临安。

元世祖至元十三年(1276年),元军攻占临安府,设两浙都督府,不久改为安抚司。次年(1277年)改临安府为杭州。至元十五年

（1278 年），又改为杭州路，置总管府。至元二十一年（1284 年），自扬州迁江淮行省治于杭州,次年改称江浙行省,杭州为省治始于此。

元至正二十六年（1366 年），朱元璋攻占杭州，十一月改杭州路为杭州府……❶

"杭州"这个词汇之中，除了上述这些早已被载入史册的史实之外，还会让你想起些什么呢？是那顺滑如水的丝绸？是那翠绿轻盈，在茶杯中上下飞舞的龙井？还是深秋时节，飘荡在大街小巷之中温馨醉人的阵阵桂香？抑或是断桥边上，许仙与白娘子那一段缠绵悱恻又恩怨交缠的爱情故事？还有才情两绝的苏小小以及她那辆让多少男子倾慕不已的油壁香车……

不管如何，摊开杭州城的地图，你便会被那一瞬之间扑面而来的种种传说故事所打动，甚至有些时候，你会在心中骤然生成强烈的愿望，这一生，留在这座城中，再不远行。

## 二

在网络以及新闻信息之中，我们接触到了许许多多关于海上丝绸之路起点争论的热点话题。

2000 年，广东学者以"徐闻——海上丝绸之路始发港"项目率先启动了"海上丝绸之路始发港"专题研究。此后，广西合浦、广东广州、福建泉州、福州、浙江宁波、江苏刘家港、山东登州等地纷纷加入海上丝绸之路起点的争夺战，甚至于河北沧州、黄骅在近些年也"打造"了一个"海上丝绸之路北起点"的概念。

南起点、北起点、瓷起点、茶起点……在种种的新闻报道之中几乎每一座沿海城市都能拿出或多或少的证据来告诉大家，自己所

---

❶ 据《杭州市志·建置篇》整理。

在的那座城池便是"海上丝绸之路的起点"。

　　作为一个海上丝绸之路研究爱好者,我也仅仅只是一个徘徊在门外的生手而已,对于这样的问题,心里也埋藏了诸多的疑问,却苦于得不到解答。但是在这些扑面而来的信息量中,浙江省文化艺术研究院文化传承所所长鲍志成老师的观点,却是让我极为赞同的。

　　他认为,历史向来是灵动的,因为有了各个角度不同的见证与思考,它才长久以来一直散发着让人沉迷不已的魅力。身后万千事,自有人评说,同一个地方在不同的历史时期有着不同的重心与侧重点,你无法说得清孰是孰非,唯有不再平面化地看待历史,而是选择立体、多元的研究理解方式,才能参透蕴藏在其中的种种因由。

　　我按照他的观点,去观望每个所谓的"海上丝绸之路的起点",一个相通的共同点便应运而生:每一个地方,都是当年航行的出发地,在不同的朝代之中,一艘又一艘来自五湖四海的航船满载着从东西南北各个不同的外贸商品主产地汇集而来的货物在各自的港口出发,驶向既定的目的地,将这些琳琅满目的货物商品传播到海外各地。从中国历朝历代的版图上看,无论从古代外贸商品产地的角度来分析,抑或是从其本身的地理位置来看,杭州都是古代中国海上丝绸之路的重要节点、交汇点。

　　海上丝绸之路分为南北两条航线,北方航线主要是从长江口以北到山东半岛的沿海港口出发到朝鲜半岛和日本列岛,南方航线指的是从长江口以南的沿海港口出发到南洋和西洋地区。杭州则恰好处于南北航线的交汇点上。这样的地理位置无疑是极为优越的,正所谓"近水楼台先得月",杭州就得益于这样天然的地理优势,逐渐成为海上丝绸之路上的转运中心和国际大都市。

　　唐末五代时期,杭州城与高句丽、新罗、日本等国家开辟了东海海上航线。从北宋直到元朝,杭州都一直是东南沿海最大的港口城市之一，专门设置的对外贸易管理机构市舶司，专供外来舶货、朝贡品的集中转运港一应俱全。这样的贸易规模体现在，当时的杭州在相当长的一段时期里，不管外来商品从哪个港口而来，又要到哪个港口而去，都必须在杭州进行集散和转运。

从诸多的文献史料之中，我们可以了解到中国历史上最早的外贸仓储地就出现在南宋临安（杭州），在元朝杭州与当时东方最大港口泉州之间，还设立过"海站"，专门用来转运舶货贡品到大都（今北京）。

杭州城中，曾经出现过马可·波罗旅行的足迹，当他从丝绸之路的西端风尘仆仆而来，第一次踏足杭州的时候，便被当地繁华的景象深深打动，在他那本举世闻名的《马可·波罗游记》之中，他对杭州的描述所用的字眼和篇章，远远地超过了当时元朝的大都。

# 三

有学者从考古学的角度，根据对在钱山漾遗址出土的距今4600年的最早丝织物进行分析，推断杭嘉湖地区曾经是蚕桑文化和丝绸的发源地。到了汉唐时期，杭州出产的丝绸通过丝绸之路被源源不断地运往西域各国，深得当地人民喜爱。两宋时期，杭州的海外贸易也依旧发展迅速，杭州丝绸远销东南亚和阿拉伯诸国。

元朝，杭州的丝绸贸易也依旧兴盛未衰，当时，从杭州出发通过陆路驿站，可以到达钦察汗国的首都别儿哥萨莱（今俄罗斯伏尔加格勒附近）。当时，别儿哥萨莱城和塔纳（今俄罗斯境内）的驿道已经开通，据阿拉伯文献记载，到达当时的别儿哥萨莱城，就能买到杭州的丝绸。

《马可·波罗游记》中，曾经记载了马可·波罗在元初之时游历杭州时的见闻：

杭州生产大量的丝绸，当地居民中大多数的人，总是浑身绫绢，遍体锦绣。古希腊人称中国为"SERES"，意为"产丝之国"。❶

这样的历史点滴，让人觉得极为自豪，这体现了 2000 多年前杭州丝绸在世界上的影响力，是古代中国劳动人民智慧的结晶。

杭州这座城市向来都流传着许许多多与海上丝绸之路相关的故事。杭州的闻名，不仅在于丝绸，生产于杭州城周边的"青瓷"也是杭州的名片。"一部中国陶瓷史，半部在浙江。"❷中国考古界先驱、"中国古陶瓷研究之父"陈万里先生曾经对浙江青瓷做出过如此之高的评价。据考证，中国青瓷的源头便在杭州周边地区，早在商周时期，这里就是原始瓷器的诞生地以及中心产地，到了战国时期，这个地区的原始烧瓷制造的工艺已经达到了当时的最高水平，一时之间风头无两。

这样的手工艺术一直被人们世代相传，到了唐朝之后，精美绝伦的瓷器便随着丝绸一起被输送到国外，一时之间，越窑青瓷以其精美与细腻温润的品质成为举世闻名的陶瓷输出品种之一。宋代陶瓷业重心南移，从杭州等地出发的海上航路日益发达，越走越远。从海外考古发现来看，浙江的青瓷几乎遍及亚洲各地乃至非洲东海岸。

此外，茶叶在杭州城中乃至世界各地都颇受青睐，茶叶、丝绸、瓷器和钢铁器就是当时通过杭州输出海外的四大宗，是海上丝绸之路的中国符号。

选一个阳光微醺的下午，坐在西湖边上的茶座里，点上一杯醇香的茗茶，重温一遍茶叶的历史。

---

❶ 马可·波罗：《马可·波罗游记》，陈开俊等译，福州：福建科学技术出版社，1981 年，第 178 页。

❷ 转引自杨程、吴龙伟《龙泉青瓷传统烧制技艺数字保护研究》，杭州：浙江大学出版社，2013 年，第 2 页。

　　早在公元前 2 世纪国人便开始种植茶树，从 14 世纪起，茶经由今新疆地区不断向西传播，但直到 16 世纪中叶它才为欧洲人所知。唐代茶树已在杭州境内广为栽培，世界上首部茶叶专著《茶经》中就有"钱塘天竺灵隐二寺产茶"的记载。南宋时杭州的茶肆、茶坊遍布全市，在清河坊一带有多家大茶坊，街头巷尾也有多人担茶卖。明清时期，饮茶之风在西方国家普遍兴起，茶叶也成为主要出口商品，中国外销茶叶主要有红茶和绿茶，浙江是主要产地之一。其中就以西湖龙井为最佳。杭州是西湖龙井的地道产地，这种炒青绿茶，以"色绿、香郁、味甘、形美"而闻名，是中国最著名的绿茶之一。

　　丝绸、青瓷、茶叶……这些丝绸之路上极受欢迎的货物都与杭州相关，由此可见，杭州与海上丝绸之路之间密不可分的联系。

# 四

　　曾经在一本书中，看过这样的一段文字：

　　如果你刚刚抵达一座城市，怎样才能尽快地融入它？买一张城市地图，有空时，就骑车到处逛；每天买一份当地报纸，坚持阅读上面的城市新闻和社会新闻；去附近的电影院，看一场电影；找一家咖啡馆，在里面消磨掉半天光阴；到随便一条老街，跟随便哪一个老伯伯闲聊半天……❶

　　的确，杭州是一座适合慢生活的城，选一段空闲优哉的日子到杭州城中走上一遭，去西湖边上的咖啡厅坐上一坐，点一杯香浓的咖啡，听听优美如流水徜徉的音乐，看看路上来来往往的行人，听听那些将身躯掩藏在高大的法国梧桐树中的鸟儿们的歌声，你会发

---

❶　周华诚：《西湖时光 遇见 24 节气》，杭州：浙江摄影出版社，2013 年，第 15 页。

现自己原本一颗浮躁烦闷的心，就在那么一个微妙的瞬间安静了下来，也许，这就是杭州这座城市的魅力所在吧。

在一个不被任何人与事、任何情绪打扰的夜晚，约上最爱的那个他，前往西湖边上走一走，偶尔在路边的长椅上依偎而坐，吹吹风、看看霓虹灯、发发呆、说说情话，让暖暖的柔情蜜意，荡漾在整个西湖之畔。

周末的时候，你完全可以舍弃平日里双手紧握的方向盘，丢掉脚底下踩着的、时时刻刻不肯放开的油门和刹车，骑上一辆自行车，来一趟自由自在的环西湖骑行运动，这何尝不是一个极好的休闲放松的选择呢？

"上有天堂、下有苏杭"，人间天堂，是对杭州最美的赞美。西湖的水，养育了一方唯美的景致，四季变更、美景纷呈，春天的柳树，夏季的荷花，秋季的桂花，冬季的断桥残雪和湖边的梅花……每一个季节，你都能够在杭州城中，找到那一份属于你自己所喜欢的、不一样的感觉。难怪人们都说杭州这座城，如同一本惟妙惟肖的线装书，让人读之不完，看之不够。

江南忆，最忆是杭州。山寺月中寻桂子，郡亭枕上看潮头。何日更重游？

多少年过去了，唐代诗人白居易的这首诗仍然被诸多向往西湖的人们反复吟诵。尽管很多去过杭州城的人被问及杭州城的好究竟是什么，总感觉有些言语苍白，无从作答，但是对于杭州城的那一种情感，却如同老舍先生在《想北平》之中所提到的那样：

我爱我的母亲。怎样爱？我说不出。在我想做一件讨她老人家喜欢的事情的时候，我独自微微地笑着，在我想到她的健康而不放心的时候，我欲落泪。言语是不够表现我的心情的，只有独自微笑或落泪才足以把内心揭露在外面一些来，我之爱北平也近乎这个。

或者，一切便果真如此吧。

"欲把西湖比西子，淡妆浓抹总相宜。"历来在诸多文人墨客的笔下，杭州城就如同一位清丽可人的温婉女子，不需要倚靠任何脂粉去装扮自己，仅仅只是淡淡然的素颜足已，但那份自信的天生丽质，却早已经让人为之深深动容。

于是，在杭州城中，我们终于感悟，原来这个世间所谓的极致，并不一定是花红绿柳，不一定得像火一般热烈才是所谓的"美丽"，有时候美亦可如同国画大师桌案之上那张徐徐铺开的宣纸中一幅淡淡的水墨画，不需要亮丽的色彩，仅仅通过淡雅的线条，便能极致、生动地描绘出人间难觅的美景。

# 第十二章 南京——金陵帝州寻找昔时旧梦

"江南佳丽地，金陵帝王州"，南京是中国四大古都之一，有"六朝古都""十朝都会"之称。

古都南京不仅是海上丝绸之路由西域至中原的枢纽，更是丝绸之路东延线的始发地之一。南京与北海、广州、泉州、宁波等八城共同因"海上丝绸之路"被列入世界文化遗产名录。其丝路遗存分为两大类：一是航海相关遗存，如郑和宝船厂遗址；二是文明与文化交流的产物，如渤泥国王墓、静海寺、石头城等。其在海上丝绸之路的发展过程中占据着重要地位。

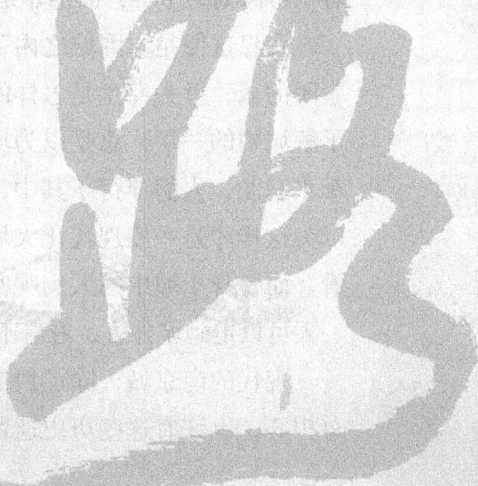

一

每一座城市，都有属于它自己的文化精华；每一座城池，都有它自身潜存的与众不同的故事。不管是在现在还是从前。一座城市的底蕴，无须旁人多用笔墨进行形容，而在你踏足那片土地放眼望去时，它便已经完完整整地呈现在眼前了。

南京便是如此。

每当我行走在梧桐树结枝招揽的马路上，心头总会油然升起一种仿似穿越时空、重回民国时期的感觉。宽阔的道路、井然有序的交通、安静沉稳的行人以及头顶上方梧桐树的粗枝壮臂，一种厚重的肃穆感瞬间便能包围我的心田。

曾经有网友说过，南京，是一座既有特点也无特点的城市。这样的一句话，让人听得有些云里雾里的感觉，但是，当你有一天真的置身于其中的时候，你会发现说这话的人，其实是真的对南京有着一番深刻的了解，而绝非是在故弄玄虚。

我想这便是"围城之内"与"围城之外"的道理吧。一座城门紧闭的城，里头究竟是怎样的一种景致呢？站在城门外头的人们不了解城中的一切，总是以为城中必定是现代气息浓郁，灯红酒绿、车水马龙，人们穿行于其中，疾步快走，容不得一时半会的停留，以为这样才是一座现代化大城所该具备的快节奏生活，很想进去看看。而置身于城中的人们呢？却一心向往着城外的风光，特别想有一天可以走到城外去，看看不一样的风景。

现代的南京城，除了快节奏，当然也少不了那些名胜古迹。我总担心，也许有这些历史遗留下来的文化遗产终究会被现代文化所包裹、吞没，只剩下些断断续续、难以拼凑完整的断垣残壁，费力地向人们诉说着自己曾经辉煌一时，但却再也回不去的往昔。

拥有我这种想法的人们一定不在少数。也不是刻意地矫情或者自寻烦恼，在房地产旋风肆意席卷的今天，很多城市中旧的、老的、颓废的、被短浅目光认为是没有用的、绊住经济利益的事与物，正一点一滴地消失在现代化城市高速发展之下，诚如北京的老胡同、云南的老建筑、甘肃的古迹、南澳海岛的自然风光……这让我们心中蒙上了一层忧伤，很担心在不久的将来，我们的孩子们，将只能手握着一张陈旧泛黄的照片来认识何谓"历史底蕴"。

然而就在那一天，当我背着重重的行囊，踏足南京这座城市，去寻找关于海上丝绸之路的点点滴滴之时，才发现原来城中的一切并不是城外的你我所想象的那个样子。

这是一座被绿色包围的繁华城市，包容着湖东灯红酒绿、车水马龙的商业化现代社会；也包容着湖西浪漫休闲、典雅端庄的静谧文化氛围。

这是一座充满历史文化底蕴的古老城市，南京大屠杀纪念馆、中山陵、南京大学、南京师大、鼓楼、秦淮河、总统府、梅林街……这座古老的城市历史和文化交替、文明和沧桑并存，风雨兼程、跌宕起伏，在起起落落的历史风潮之中，一步步迈向明天、迈向现代化。

南京城虽然并不滨海，但它却从来都与海上丝绸之路有着紧密相关的联系。这一座古老的城池不但是海上丝绸之路由西域至中土的枢纽与终端，而且是海上丝绸之路东延线的出发地。至今为止，南京城中已经发现的现存的海上丝绸之路的遗迹共有12处之多，天妃宫、静海寺、郑和宝船厂遗址、石头城、郑和府邸旧址、净觉寺、大报恩寺遗址、道场寺遗址、浡泥国王墓、明代都城遗址、郑和墓、洪保墓。它们之中的某一些，其实早已是家喻户晓的名胜所在，也有一些至今人们依旧对其觉得有些陌生，但是不管如何，南京城因为有它们的存在，而变得愈加深厚凝重，叠加着这座城市独特的历史底蕴，传承着这座千年古城的悠久文化。

二

作为永乐王朝的政治中心，作为郑和七下西洋的决策地，作为郑和宝船的建造地，南京城与海洋之间，从古到今都有着密不可分的联系。

时至今日，人们依旧对那场"前无古人，后无来者"的大航海时代记忆犹新。

明朝永乐元年（1403年），明成祖朱棣经过一番细致计划，终于定下了派遣郑和下西洋的决策，并下令郑和督造宝船。永乐三年（1405年），郑和船队领命出发，开始了历时28年、行程10万余里、踪及38国的七下西洋的航海活动。其航海规模之大、参与人数之多、海上航行路线之长、对海上丝绸之路沿线国家和民族影响之大，都达到了古代中国乃至当时世界上远洋航行的鼎盛时代。就在这历时长达28年的航海活动之中，郑和始终秉持着的"和平"理念，正是中华文明的核心理念的代表，而在郑和航海活动中形成的《西洋番国志》《瀛涯胜览》《星槎胜览》等典籍也是海上丝绸之路极富意义的珍贵历史证据。

南京城作为"郑和下西洋"的决策地、航海"宝船"的建造地、航海始发地，至今保存着明代的《郑和航海图》（原名《自宝船厂开船从龙江关出水直抵外国诸番图》），明代的宝船厂遗址和"龙江关"（即"下关"）遗迹时至今日仍然存在。今天，位于南京秦淮区马府街的郑和文化公园，就是郑和的府邸所在地；位于鼓楼区龙江小区附近的宝船厂遗址，据考证是郑和下西洋所用宝船的建造处；位于原下关区的静海寺，是郑和出海前后祭拜妈祖之地，相传这里也是在他下西洋后期，航海活动渐受微词、前行受阻之时的隐居清修之地……明代政府和郑和下西洋的遗址、遗迹之多，是全国各地所无法企及的。

宋朝之时，王安石在登上南京城北的阅江楼眺望不远处烟波浩渺的江面之时，由衷慨叹：

"归帆去棹残阳里，背西风，酒旗斜矗。彩舟云淡，星河鹭起，画图难足。"❶

诸多历史遗留的线索表明，南京城与船有着难以分解的缘分。查阅种种历史资料，我们可以发现所谓的"造船"重镇，自古以来非南京城莫属。相传，元代诗人萨都剌曾经被秦淮河以西鳞次栉比的造船场面所深深震撼，连连惊叹"蔽日旌旗，连云樯橹"❷。

今世的你我，虽不能目睹当时的场景，但是却不难想象那连天蔽日的旌旗、接连不断近乎直达天边的樯橹所构造出来的场面，该是如何的浩大。如此浩大的场景所反映出来的，自然是在宋元明时期，南京造船工业的繁荣发达。正因为有了如此强大的航海技术作后盾，才有了郑和七下西洋的壮举，而这一场场浩浩荡荡的大型航海活动，终将海上丝绸之路推向了巅峰。

南京城的海上丝绸之路的文化记忆与内涵其实是十分丰富与绵长的，时间的记忆可以从 3 世纪上半叶的东吴时期一直延伸到明代中后期。

时至明代后期，仍然有来自意大利的传教士利玛窦、葡萄牙传教士曾德昭等人在南京城中活动的历史记载，《利玛窦中国札记》中也有关于南京城的丰富文字史料记录。这些都是海上丝绸之路从

---

❶ 王安石：《桂枝香》，《全宋词》第一册，北京：中华书局，1965 年，第 204 页。

❷ 萨都剌：《念奴娇·登石头城》，龙德寿译注：《古代文史名著选译丛书 萨都剌诗词选译》修订版，南京：凤凰出版社，2011 年，第 369 页。

汉代的南海一带向东海及黄海一线延伸的有力见证。

至今保存完好的梁元帝萧绎绘制的《职贡图》，也是当时通过海上丝绸之路作为连接的纽带所推动的东亚、南亚、西亚等地区的跨国文化交流和使节互通活动的生动反映。

这些皆说明，昔日的南京城，是中国七大古都之中唯一一座与海上丝绸之路发生直接关联的都城；同时，还是一座把海上丝绸之路的南海航线和东海航线连接起来的古老城市。更重要的是，南京城还是将海上丝绸之路与陆上丝绸之路实现对接通道上的节点城市。

399年，高僧法显从长安出发，穿越陆上丝绸之路河西段、新疆段、葱岭段等，在今尼泊尔、巴基斯坦、印度等国境内学习梵书梵语，考察佛教圣迹，求取佛典经书，于412年从狮子国（今斯里兰卡）乘商舶从海上丝绸之路返回东晋都城建康（今南京）。在这里，他和一批外国高僧完成了佛经翻译，并撰写完成把"陆上丝绸之路"与"海上丝绸之路"集于一书的《佛国记》，他无畏的精神和拥有"陆上丝绸之路"与"海上丝绸之路"双重探险经历的事迹都被保存于这部空前的作品中。

# 三

山围故国周遭在，潮打空城寂寞回。

淮水东边旧时月，夜深还过女墙来。

你若还记得当年背得滚瓜烂熟的这首唐朝刘禹锡所写的，让白居易十分欣赏的《金陵五题》诗中的其中之一首《石头城》的话，那么你定然知道"石头城"从广义上来说，其实也是南京城的另一个称呼。但若从狭义层次去考察，它指的实际上是南京老城城西的石头山中的石头城了。

石头城位于南京清凉山西麓，自虎踞关龙蟠里石头城门到草场门，便可看到那城墙逶迤雄峙，石崖耸立，依山而筑，全长约 3000 米的石头城。

史载："自江北以来，山皆无石，至此山始有石，故名。"❶《建康志》中也说："山上有城，又名曰石城山。"所谓"山上有城"，说的也就是石头城了。

石头城的建城，可以上溯到两千多年前的战国时代。

史载，周显王三十六年（前 333 年），楚国（都城郢，即今湖北江陵）灭了越国（都城吴，即今苏州），楚威王设置金陵邑，并在今清凉山上筑城。秦始皇二十四年（前 223 年），秦灭楚，改金陵邑为秣陵县。

三国时，诸葛亮在赤壁之战前夕，出使东吴，与孙权共商破曹大计，途经秣陵县时，诸葛亮特地到石头山观察山川形势，见以钟山为首的群山，像苍龙一般蜿蜒蟠伏于东南，以石头山为尾的西部诸山，像猛虎似地雄踞在大江之滨，慨叹"钟山龙蟠，石头虎踞，真乃帝王之宅也"❷，并向孙权建议迁都秣陵（今南京）。孙权在赤壁之战后，迁移到秣陵，并改称秣陵为建业。第二年，孙权在清凉山原有城基上修建了著名的石头城。长江就从清凉山下流过，因而石头城的军事地位十分突出，孙吴也一直将此处作为最主要的水军基地。此后的数百年间，石头城成为战略要地的军事重镇，南北战争，石头城成为必争之地。

这是因为，石头城城基利用清凉山西坡天然峭壁环山筑造，周长"七里一百步"，相当于如今的三千米左右。570 年，陈宣帝修筑石头城。684 年，徐敬业抗武则天，占领并加固城墙。当时，石头

---

❶ 莫祥芝：《同治上江两县志·山考》，转引自杨新华、吴阗《山水城林话金陵》，南京：南京师范大学出版社，2009 年，第 1 页。

❷ 周艺文等：《江南风光之旅——上海/浙江/江苏》，长沙：湖南地图出版社，2001 年，第 12 页。

城北缘大江，南抵秦淮河口，南开二门，东开一门，南门之西为西门，城依山傍水，夹淮带江，险固现时势威。城内设置有石头库、石头仓，用以储军粮和兵械。在城墙的高处筑有报警的烽火台，可以随时发出预报敌军侵犯的信号。至南朝时，石头城作为保卫都城的军事要塞的地位依旧未变。

古长江绕清凉山麓东去，巨浪时时拍击山壁，将山崖冲刷成峭壁。隋文帝灭陈、平毁建康城后，在石头城置蒋州，唐代初年在石头城设扬州大都督府，石头城在隋朝和初唐时成为南京地区的中心。

783年后，因唐都长安被朱泚等叛军占领，唐德宗曾准备南下避祸。当时镇守润州的浙江东、西节度使润州刺史韩滉派人再筑石头城。韩滉还在清凉山修筑军事堡垒。至8世纪后期，石头城还是南京的重要江防基地。宋代，由于受到长江水日渐西移的影响，石头城逐渐变成一片平地，慢慢被废弃，因此才有了诗人刘禹锡笔下的这首名为《石头城》的诗篇。此时的石头城在刘禹锡的笔下已是一座荒芜寂寞的"空城"了。

五代时期，有僧人在石头城上兴建了第一座寺庙——兴教寺，自此以后这里就成为寺庙、书院集中的风景名胜区。直到今天，它仍以"石城虎踞"的雄姿享誉中外。

如果你有幸来到石头城，不妨在清凉门到草场门之间的城墙下面寻找一块长约6米、宽3米的突出的椭圆形石壁。这块石壁因为长年风化，砾石剥落，坑坑洼洼，斑斑点点，中间还杂有紫黑相间的岩块，怪石嶙峋，远远看去，隐约可分辨出耳目口鼻，酷似一副狰狞的鬼脸，因为这一块石壁的存在，石头城又被称为"鬼脸城"。南京民间有关鬼脸城的传说很多。相传这块岩石原来犹如刀削一般，光滑如镜。如今在鬼脸城西侧，还有一处清亮的池塘，池中可见鬼脸城的倒影，俗谓"鬼脸照镜子"。

# 第十三章 扬州——在广陵初春中寻找纷飞琼花

扬州古称广陵、江都、维扬等，有着"淮左名都，竹西佳处"之称；又有着"中国运河第一城"的美誉。

如果说陆上丝绸之路以线形的方式穿越辽阔的内陆，海上丝绸之路则以网络的形式连接着蓬莱、扬州、宁波、泉州、漳州、广州、北海、澳门等古代中国最主要的城市，它们犹如璀璨的明珠，点缀在中国沿海。扬州地处江苏省中部，东与盐城市、泰州市毗邻；南临长江，与镇江市隔江相望；西南部与南京市相连；西北部与淮安市和安徽省滁州市接壤。扬州城，是一处你一旦踏足，便会流连忘返的人间好去处。

一

"淮海维扬州"，这句话出自《尚书·禹贡》。这是扬州城之名的最早史书记载。

唐朝应该是扬州最为热闹的时候，因为那时这里被称作"商贾如织""富甲天下"之地。当年居住在海外的扬州经商者概有五千人以上，作为我国较早开展对外贸易和国际交往的城市之一，扬州也是海上丝绸之路著名的港口之一。

史载，399 年，东晋高僧法显等人，自长安出发，沿陆上丝绸之路行进，翻越葱岭至印度，于三年之后，带着佛像、经书随商队辗转至斯里兰卡，在斯里兰卡处停留了两年后，再搭乘商船循海岸航行归国。从印度回国途中，突遇大风，漂流至山东半岛再航行到扬州 ❶。

这一次意外，让法显和尚归国的路程比原先预定的多出了 1300多海里，但正是一次意外的经历，将海上丝绸之路东端的终点从广州沿海拉到了山东海岸。从此，当年但凡从山东半岛南下以及从境外经广东北上的货船，必须经过当时的扬州港，为扬州日后的崛起奠定了一定的基础。

在扬州城 2500 多年的历史之中，它的名字曾经出现过几次变更。扬州建城始于春秋时期，初名为"广陵"，战国时期称为"邗城"，589 年，称为"扬州"。隋炀帝时期，自京杭大运河建成之后，扬州一区便被称呼为"江都"。此后，隋亡唐兴，扬州城成为经济、

---

❶ 扬州市申报世界文化遗产办公室：《大江大海的文明交响》，《宁波日报》，2015年 7 月 16 日。

文化中心以及对外贸易交换地。

自海上而来的大批中外商舶还运来了大量的香料、药材和珠宝，又运出丝绸、金银器、铜镜、漆器、陶瓷等产品。在这些货物之中，陶瓷是尤为引人注目的，因为它们不仅贸易量大，而且品种多样，产地多源。大量瓷器贸易的加入，使得海上丝绸之路又被誉为海上"陶瓷之路"，扬州也成为当时中国最大的陶瓷外销口岸。

当年扬州还是众多阿拉伯商人和波斯商人的集居之地，一时之间，异域风情与唐朝风韵交相辉映，一派繁华瑰丽的场景，只可惜一场安史之乱使繁华的扬州城和许多无辜的异域商人惨遭战火的劫难。

一位 13 世纪意大利的旅行家和商人——马可•波罗也曾经在扬州游历生活。据后来《马可•波罗游记》的记载，期间，马可•波罗担任扬州的地方官并掌管当地商盐。19 世纪初，扬州成为食盐、大米以及丝绸的贸易交换中心，当然，这些行业都是由官方掌控的。

1368—1644 年，明朝在扬州建城，直到今天，我们还能看到那一段长达 9000 米的城墙，无惧风霜雨雪，巍然而立。

## 二

人生，是一场寻寻觅觅的旅程。很多人在这样一场看似很长，实则很短的旅程中寻找着，比如爱情、事业、人生、成功、快乐、财富……有些人终究找到了，而有些人穷尽一生，也未能如愿。

换个角度来思考问题，找不到未必是件坏事，而找得到，也未必就是值得骄傲的。因为很多时候，我们认为自己已经得到了心中想要的某一个人或者某一件东西、某一段感情，其实是需要我们用自己身上某一种宝贵的东西去交换的。于是，我们常常会在寻找自己想要的快乐之中，不知不觉地失去另外一些同样珍贵的东西。

比如，有的人，收获了事业的成功，却失去身体的健康；有的人，得到了无数的财富，却失去了最爱的亲人；有的人，付出了自己去追求一生的挚爱，回过头来，却因为忘却了自我，而沦为爱人口中那个一事无成、不修边幅的"黄脸婆"……

这些遗憾，总是极为令人伤神，每当自己必须去面对这些遗憾的时候，我的心里总是会升腾起这样的一个愿望：当琼花漫天飘摇飞舞的时候，你陪我去走一走那春风十里的扬州路，好吗？然后，在十年一觉扬州梦中无声地告别，重新回到属于各自的、永无交集的原点。

那日闲暇时光，在网络之中看到一句关于扬州的句子——沿着古运河，重回扬子津，这样简简单单的短句，却仿似被注入了无限的魔力，在瞬息之间，便将读过它的人重新拉回了旧时。

诗仙李白《横江词》的第三首，也曾提到扬子津：

> 横江西望阻西秦，汉水东连扬子津。
>
> 白浪如山那可渡，狂风愁杀峭帆人。

诗中的"横江"指的就是位于采石矶对岸的"横江浦渡口"，按王琦《李太白集辑注》引胡三省《资治通鉴注》："扬子津在今真州扬子县南。"之中可以看出，扬子县位置在江都（扬州）西南，已靠近大江，扬子津更在其南，则是江边的津渡了❶。我们可以从中得知，"扬子津"是盛唐时期的重要渡口。

去到扬州，你又怎可以不雇上一艘小舟，安坐其中，任它载着你，在扬州古运河清澈明朗的水上悠然而行呢？当小舟从古老的城中穿行而过，从长江入口处开始，瓜洲古渡、高旻寺，接着便是扬子津、鉴真东渡码头宝塔湾，接续着往北延伸的古驿站高邮、莲藕之乡宝

---

❶ 林庚：《闲话扬子津》，《林庚诗文集》（第9卷），北京：清华大学出版社，2005年，第183页。

应……沿岸的古迹接连不断地进入眼帘，你会由衷地沉溺在那独具情趣的风土人情之中。

再来细看岸边东关街的交易市场。因为这里便是扬州城中一条极有历史代表性的古老街市，东起古运河边，西至国庆路。东关街以前不仅是扬州水陆交通要冲，而且是商业、手工业和宗教文化中心。还记得杜牧的那句"春风十里扬州路，卷上珠帘总不如"吗？这卷上珠帘总不如的，便是这条"关东街"。

千年积淀，岁月如歌。这一条和中国大运河有着密不可分的联系的老街，距今约有1200年的历史。大运河开通之后，它便起着外依运河、内联城区的重要作用，在年月累积之中，逐步成为扬州城中最为活跃的商贸及文化交流集聚之地。

关东街的存在，从另外的一个方面，有力地佐证了当年扬州城航运及海运的繁荣历史。

# 三

你是否知道，扬州还有另一个极为美丽的名字——"月亮城"呢？

萧娘脸薄难胜泪，桃叶眉长易觉愁。

天下三分明月夜，二分无赖是扬州。

唐代诗人徐凝在这首《忆扬州》中，做了一个极为俏皮的比喻，他认为，若把天下月夜美景分而为三，扬州月色就占有二分。足见月亮于扬州城，向来便有着极为重要的分量。也正是因为这阙诗作，从此之后的历代文人墨客都将扬州城称为"月亮之城"。在这里还需要特别说明的一点是，诗作之中有个"无赖"的词语，说的却不是市井之中那些常常惹是生非、奸刁撒泼，整日无所事事、游手好闲，令人厌恶的无赖之徒，而是一种昵称，犹如我们总喜欢把自己喜爱的小孩称为"小坏蛋"一样的道理。

假若你有朝一日，真的能随着我到扬州城中走一走，你便能轻而易举地发现，就在这座美丽的古城中，蕴含着诸多与月亮相关的事与物，不单单是诗、文、联、书，就连建筑、地名、路名、桥名、店名之中，都藏有月亮的影子。比如：明月湖、明月桥、咏月桥、望月桥、月亮园、二分明月楼……

在很多的美文雅章之中，我们都能品读出扬州人对于月亮的那一份坚贞、执着的情节与向往。扬州的月，如诗、如梦、如幻、如歌，在扬州城中谈月亮，论及的不单单是历史，更是一种有底蕴的文化。

关于扬州城中的月亮文化，最值得一提的，还是清代那位将自己称之为"二分明月女子"的扬州名妓陈素素。她多才多艺，不但擅长写诗作画，还能谱曲，著有诗集《二分明月集》。陈素素与一位名叫姜仲子的莱阳书生深深相爱，却不料素素终被当地一位扬州匪徒劫掠，触石毁容。失去挚爱的姜仲子从此心神失落、寝食俱废。

为了表达心中对佳人的深深爱意，姜仲子决定修书一封寄予素素，在书信中向她表达了自己此生非她不娶的决心。陈素素读完信笺，顿时肝肠寸断，立即咬断自己所戴的指环，请送信者捎给姜仲子。"环"音同"还"，素素以此表示自己必还之意……

如此缠绵悱恻的一段传说，后来被清人朱素臣写成了一部名为《秦楼月》的传奇戏曲，以此来讴歌世间那些至死不渝、感人肺腑的爱情故事。

此外，更值得一提的，还有那位长眠在庄严肃穆的史公祠里的名将——史可法。

数点梅花亡国泪，二分明月故臣心。

这是清代诗人张尔荩为史可法撰写的对联。联中的"二分明月"

即代指扬州，也暗指当时的明朝失掉了半壁河山。残落的梅花瓣暗喻亡国者留下的血泪，明朝老臣的心也如同残月一样明朗、坚贞、坦荡荡，却又无可奈何。

# 四

对于琼花，印象至深地，莫过于当年香港 TVB 那部令人记忆犹新的连续剧《宫心计》了。刘三好，这位善良美丽的女子，最后便是在缤纷洁白的琼花树下，等来了一生挚爱的那个男子。

从那一时开始，琼花这种植物，便深深地烙印在我的心中。

洁白全无一点瑕，玉皇敕赐上皇家。

花神不敢轻分拆，天下应无第二花。

琼花是扬州城的市花，昆山三宝之一，自古便以"维扬一株花，四海无同类"的雅誉深深扎根在扬州城的土地之中。

唐朝之时，它以淡雅、独特的风姿及风韵，以及种种浪漫、唯美的传说得到了世人的钟情与厚爱。每当洁白的花瓣在微微的清风之中轻轻飘落，那一种美丽而浪漫的风韵便深深地烙印在每个人的心中。

如果可以，当琼花纷扬之时，我们携手去与它来一场浪漫的相约吧。

琼花与扬州城，向来有着千丝万缕的联系。

例如，隋炀帝下令开凿举世闻名的大运河，到扬州赏琼花。当年的王世充画出了琼花图，隋炀帝对其赏识有加，王世充因此飞黄腾达。

非但帝王对琼花情有独钟，就连宋朝大文豪欧阳修亦是如此。相传，他任扬州城太守时，曾在琼花树旁建了一个名为"无双亭"

的亭子，借此来显示琼花乃天下无双，百花难以企及之美。

宋朝《齐东野语》一书也有记载，说是在庆历年间（1041—1048年），宋仁宗曾将琼花树从琼花观中移栽到开封，岂料后来琼花树"水土不服"，并未能安然扎根于中原之地，逐渐枯萎，不得不将它重新移回扬州。淳熙年间（1174—1189年），宋孝宗又再次将它移植到杭州的皇宫禁苑之中，谁知逾年琼花依旧毫无生机。而当它被载还扬州之后，枝丫中竟再次长出嫩绿的叶芽儿来。如此一来，人们传颂琼花本是有情之物，深深眷恋着扬州故土。只可惜，这一树传奇至此的花儿，却终究还是在元朝初年枯萎死去。

相传，明末扬州知府吴秀在琼花观中建起了玉皇阁，阁高三层，高大壮丽，登阁便可以俯视全城，曾经轰动一时，引无数人慕名前来一游。然而辗转至清代，琼花观早已渐渐失去了往日的风光，衰落了下来。到了民国时期，观内的建筑物被无情的大火毁于一旦。如今我们所看到的琼花观其实是1993年开始重建的，重建后的琼花观，观门仍朝南。观前的石质呈糙米色，有左右两根石柱，上圆下方，柱端似华表，分别雕刻日月形状，左为赤乌，象征着太阳，右为玉兔，象征着月亮的石牌坊仍旧还是明代所建的，"蕃釐观"三个大字为清人刘大观所题。置身观中，小桥流水，九曲碑廊，造型别致、巧夺天工的琼花台、无双亭更是别有一番韵味，整个花园浓缩了江南园林美景之精华，令人流连忘返。

如今站在"琼花观"这座由淮南节度使高骈于唐僖宗中和二年（882年）所建的古建筑之中，流连于三清殿、欧阳修所建"无双亭"以及玉钩古井之间，心头忽然涌起了万千感慨。

那天依依不舍离开琼花观的时刻，特意走到琼花树下的我，合起双手虔诚地祈祷，只愿这一生能如琼花般洁白无瑕……

# 第十四章 青岛——在琴岛海韵中寻找历史碎片

秦始皇统一中国后，五巡天下，三登青岛的琅琊。青岛地处山东半岛东南部沿海，胶东半岛东部，东、南濒临黄海，隔海与朝鲜半岛相望。这座历史文化名城，涌现出一大批历史名人，包括老舍、闻一多、洪深、沈从文等人都曾在青岛讲学。它有着若干个极美丽的称呼，如"岛城""琴岛"以及旧称"胶澳"……

东方海上丝绸之路的起点，开始全都是山东半岛沿海的各个渔港，青岛胶南的琅琊港就是当时远近闻名的出海港口之一。春秋时期，齐国开辟"东方海上丝绸之路"，秦汉时期有了长足的发展，唐宋时期异常繁荣。这条从青岛至韩日的航线对中华文明史产生了深远的影响。

一

说及海上丝绸之路的东起航线的相关城市，青岛自然首当其冲。

秦朝时，徐福那一场惊天动地、浩浩荡荡的东渡是这里的缘起，板桥镇五百年的辉煌是这里的延续，紧接着的是"奈何天""樱花泪"与"星条旗"……时光荏苒、世事变迁，唯有这条东方海上丝绸之路一直默然留存，见证了一个朝代又一个朝代的历史兴衰。

尽管历史的脚步一直在朝前迈进、从未停歇，但是对于青岛来说，海洋文化和海洋文明却一直在某种程度上主导着这座城市整个历史的进程。也正是因为这样的主导，才让"东方海上丝绸之路"得以在青岛起航。

为什么这么说？这是基于青岛的历史基因而得出的结论。至今为止，在青岛的境内，人们已经陆续发现了北辛文化、龙山文化以及岳石文化的遗迹。

"从7000年前北阡遗址中发现的大量贝壳，到大汶口时期胶州三里河遗址发现的深海鱼骨，再到以平度东岳石村命名的古老夏商'岳石文化'，青岛不但具有黄河流域亚细亚农业文明共同的文化特征，同时也彰显了远古东夷文化鸟图腾的原始崇拜及海洋文明形成与发展的历史足迹。"❶青岛市文物局原局长魏书训如是说。

昔日的海上丝绸之路有东海起航线和南海起航线两条主线路。东海航线以山东半岛青岛、胶州为起点，"循海岸而行"，经辽东半岛至朝鲜半岛、日本列岛，这条黄金通道被史学界称为"东方海上丝绸之路"。

---

❶ 贾臻：《21世纪"海上丝绸之路"枢纽之城》，《青岛日报》，2014年3月5日。

2005 年，在胶州市赵家庄遗址的考古发掘中，龙山文化地层所在的位置发现了 370 粒炭化稻米和稻田、蓄水坑以及纵横交错的水沟等稻田遗存。这为当年这些稻作农业是从中国南方传到了胶东半岛，然后再由胶州一带的出海口从海路向东而行，一直传到朝鲜半岛以及日本列岛的传播路线提供了有力实证。很明显，在距今 4000 年之前，由胶州湾出海口辗转辽东半岛、朝鲜半岛、日本列岛的"东方海上丝绸之路"便已经形成雏形了。

在这样一条海上丝绸之路上航行的人们中，因为东渡求取长生不老药而留下无数传说与故事的徐福是不得不被提起的著名人物。

那么，当年的徐福究竟是从何而去，又终究去向了何方呢？历史上留下了很多各不相同的说法，有历史学者认为，徐福东渡，就是从琅琊港起航的。《史记》记载："自琅邪北至荣成山弗见。至之罘（今山东烟台市北），见巨鱼，射杀一鱼。遂并海西。"而据日本学者考证，徐福船队在九州岛熊野县新宫市的波多须浦登陆。清代，黄遵宪提出，徐福即日本开国皇帝神武天皇。1950 年，香港学者卫挺生出版的《徐福入日本建国考》一书，根据中日史籍、古物、古钱及徐福在日本的行踪等，从地理、时代、舟师等方面，证明"秦代使者徐福就是日本开国第一代天皇神武"❶。

## 二

在青岛与海的历史渊源中，有一个名字不能被抹去，那就是"板桥镇"。自唐朝就已设立的板桥镇，凭借优越的地理位置和四通八达的水陆交通，到宋代已成为中国北方重要的港口和商贸重镇。昔日的板桥镇有多繁盛？

---

❶ 刘明金：《海洋文化巡礼》，北京：人民日报出版社，2012 年，第 129 页。

《宋史·李全传》之中，有这样一段记载：

胶西当登宁海之冲，百货辐辏……时互市始通，北人尤重南货，价增十倍。全诱商人至山阳，以舟浮其货而中分之，自淮转海，达于胶西。

通过这样一段文字，我们可以想象出宋朝时千船万帆云集胶州湾，在板桥镇码头上，进出口货物堆积如山，市舶司衙门前外国客商进进出出，酒肆、旅店和集市人来人往，热闹非凡的海上贸易盛景。

这些年来，我最喜欢做的一件事便是选择在一个阳光微醺的早晨或者是一个夕阳西下的傍晚，一个人，慢慢且沉默地走过某一座城中的某一条小路。

看路边那些高大葱郁的树，看两旁那些或者林立的高楼大厦，又或者是老墙、旧居，我便会在某个瞬间感悟到历史尘封于其中的往昔。

不可否认的是，历史其实就是一位不折不扣的魔术师，总是会在人们不经意之间，将自己感觉最为深刻的某些线索深深埋藏，而时过多年之后，又会在人们不经意之间再次将自己的面纱一一揭开，让我们为之感到目瞪口呆。

在青岛板桥，我的一次亲身经历至今印象深刻。

那天，在文物保护考古所工作的好友轩带我走进他们单位的某一间办公室，让我有幸见识那些在地板上堆积着的一袋又一袋的碎瓷片。

我在他的许可下，弯腰蹲了下来，拾起其中的一块细细打量，却又觉得并没有什么与众不同的地方，甚至可以说是极为不起眼的。

然而，当我把自己的想法告诉了轩以后，得来的却是他甚是自豪的眼神。

轩说，论及文物，我还是一个外行，因为我根本不知道这一袋袋、一堆堆不起眼的碎瓷片，是极为古老而珍贵的，它们全部来自胶州古板桥的遗址，假若有能人高手来将它们仔细拼凑复原，人们终将得到的便是青岛作为古代海上丝绸之路的重要节点的历史图景的某一个不可缺失的一角。

从 20 世纪 90 年代开始到今天，考古学家一直在不停地对胶州古板桥遗址进行考古发掘，在一次又一次抽丝剥茧般的寻找之中，历史掩藏在其中的记忆与痕迹正一点又一点地被揭开，在这些如同线装书一般层层叠叠的片段与证据面前，板桥镇港口——这一座在唐宋时期曾经繁盛一时的北方最大的对外贸易口岸，在古代海上丝绸之路上的重要地位终于显露出来。

资料显示，1996 年，在胶州古板桥遗址发现的 30 余吨早已锈结成块的铁钱之中，依旧能够辨清字迹的有圣宋元宝、大观通宝、崇宁通宝、崇宁重宝、政和通宝等，这些铁钱据专家考证，均为北宋徽宗时期的铸币。

2003 年，在胶州云溪河改造和湖州路市场建设施工过程之中，又出土了大量宋金时期的瓷片。工地所处地点正位于板桥镇遗址，是北宋时期的板桥镇中心，紧靠着当时的市舶司。

2009 年，就在距离 1996 年铁钱出土位置约 30 米处，大量的北宋铁钱以及不同时期的瓷片再次被人们挖掘。紧接着出土并呈现在人们面前的，还有包括墙基、庭院、廊道、散水、隔墙在内的用青砖铺砌的错落有致的建筑基址，以及砖砌而成的排水沟、水井、灶址、道路等一众配套设施。

据记载，在当时那些从黄泥土中被发掘出来的文物之中，可复原的陶瓷器有 500 余件之多，其余还有板瓦、滴水、兽面瓦当和鸱吻等建筑构件。这些都是当年胶州板桥镇繁荣发展的历史印记与证据。

板桥镇遗址的大量考古发现，证实了当时的板桥镇非常繁荣，港口流通兴盛，这些铁钱和宋瓷片都是宋代板桥镇繁华的见证，见证了这片古老的土地上曾经的经济贸易的繁荣和海内外瓷器贸易的兴盛。

板桥镇的商贸繁盛情景似一部梦华录。未及成书的《板桥镇梦华录》，随1126年的那场"靖康之变"而散失，昔日汇聚千船万帆的板桥镇随之沦陷。曾经繁荣了500年的板桥镇随之急剧衰败。往日的繁华，随着大批锈蚀的铁钱、瓷片等文物，成为后世人们对往日繁华的追忆。

如今，"市舶司"这个古老的称呼对于人们来说，已经不是一个陌生的词语了，虽然对于它的研究多集中在广州、杭州、明州、泉州这几个较为著名的曾经与海上丝绸之路相关的城市与港口的所在地。不过"密州板桥镇市舶司"的这一段历史以及它曾拥有的地位和作用，同样也是值得人们关注的。

且让你我耐着性子，在斑驳泛黄的诸多关于板桥镇的史料中，细细寻找关于它的点点滴滴吧。然而，你或许也会和我一样，被这样的一行文字所吸引：唐高祖武德六年（623年），胶西县并入高密县，"以县东鄙置板桥镇"。

可见，自唐朝起，板桥镇就是中国与朝鲜半岛和日本列岛国家进行海上贸易和文化交流的重要口岸，新罗国统一朝鲜半岛后，与唐朝关系日益密切。当时在板桥镇和青岛沿海一带，还曾出现过许多叫作"新罗坊"和"新罗村"的侨民社区，据推测当时在这些村落之中侨居的新罗人在该地最为繁盛的时期曾超过万人之多。

当历史的车轮从唐朝辗转到宋朝的时候，板桥镇的重要作用，并没有因为改朝换代而逊色。

宋朝时期，全国设置的市舶司共有八处，有七处均在南方，唯独有板桥镇的"密州板桥镇市舶司"地处北方。据记载，当时的板桥镇港区，除了东亚、南亚的海外物资在此中转和销售之外，就连大食国（阿拉伯地区）的商人也都纷纷来到板桥镇经商。即使是在南宋时期，板桥镇被金国攻占，市舶司无法继续运转，但是这里的对外贸易却丝毫没有受到战争的影响，依旧热闹、依旧发达，金皇统二年（1142年）设立的胶西榷场，在战争的风风雨雨之中，仍然一枝独秀，成为当时金宋通过海道实现南北交流的唯一互市市场（官市）。板桥镇所拥有的海上物资集散中心和海外转口贸易两大传统优势就这样一直保持到南宋末年。

# 三

　　每一座城，都有属于它自己的文化和各自不同的故事。但是，这些城市彼此之间的文化并非各不相干，相反，这些各具特色的文化流播在城与城之间，然后又在潜移默化之中成就了人类文明辉煌智慧的篇章。

　　海上丝绸之路之所以到了今天仍旧为人们津津乐道，是因为它是一条自古恒今的交流之路，涵盖着海上交通、贸易、科技、文化、移民等一系列丰富的内容。它更是每一座城市之间文化之旅的沟通桥梁与纽带。

　　在这样一条璀璨多彩的交流之路上，高僧法显、慈觉大师与"宾贡进士"者，早已经成为这段文化之旅的一颗颗耀眼的明珠。

　　399年，东晋高僧法显经陆上丝绸之路，赴古印度寻求真经，10年之后沿海上丝绸之路，途经孟加拉湾、苏门答腊、南海、中国台湾海峡，最终北上登陆青岛，归国后写成《佛国记》，留下了关于海上丝绸之路的珍贵历史印记。

　　唐宋时期，胶东半岛以其独特的地理优势成为当时新罗、日本学问僧入唐求法的首选之地。史载，唐初，从日本列岛来到中国求学的留学生以及学问僧人的人数一般不超过200人，最多的一次，当属838年，人数多达651人。这些遣唐使中名留日本史籍的学问僧有92人，其中以所谓"入唐八家"最为有名。曾经三次出入山东半岛的圆仁大师便是其中之一，由他亲笔著录的《入唐求法巡礼行记》与《大唐西域记》《马克·波罗游记》并称为东方三大游记。圆仁大师圆寂之后，还被日本清和天皇（858—876年在位）赐谥号为"慈觉大师"。

随着入唐使节前来求学的留学生，也同学问僧一道频繁地出入密州等口岸。贞观元年（627年），唐王朝决定对外国留学生来一次开放性的科举考试。外国留学生只要能够通过礼部考试并且成绩合格者，皆能被称作"宾贡进士"。史书记载，唐朝曾发生一场轰动一时的求学风潮，供留学生就读的国子监就曾添筑教室1200余间，可容纳8000余人。凡在国子监就读的留学生，皆可享受公费，由政府供给食、宿，免除课役，买书银则由本国政府发给。即使自费入唐的学子，亦可获得相当程度的资助。

# 四

这么多年以来，我一直喜欢寻找各种各样的当地传说，在这些各种各样的传说之中领略一番当地的风土人情，其实也不失为一件相当有趣的事情。

在那些各式各样的故事之中，有关胶州湾形成的传说颇为有趣。这个传说源自一句古老的谚语："狮子红了腔，淹了洪州城。"

据说宋代时，胶州湾一带是一片濒临海边的冲积平原。"洪州城"就坐落在这里。"洪州城"的东城门在今天的板桥坊，西城门在红岛的东大洋海中毛岛处，南城门在四方湖岛的海上，北城门在女姑口。当时，洪州城内生活着两三万人，常年受到洪水和海啸的侵袭，他们就一直想要搬到胶州去。"洪州"之名，就是因为这里经常暴发洪水而得名的。

有一年，洪州城外来了一位卦师，他声称自己是要来救洪州百姓的。这位卦师走街串巷，到处念叨着一个隐语，即"狮子红了腚，淹了洪州城"。大家本不拿它当回事，所以只是听听而已。结果，有个顽皮的孩子，真的将城门外的石狮子的腚染红了，闹得一些人家匆匆搬出了洪州城。可是，洪水终究并没有发生，因而闹了一场笑话。

但是，有一天早晨，大水真的到来时，城门外的石狮子的腚真的给洪水泡红了，洪州人才想起了卦师的隐语。于是，洪州人举行了全城大搬迁。不幸的是，就在洪州人刚刚搬出洪州城时，巨大的地震和海啸发生了。洪州城一下子陷入了一片汪洋之中，沉入海底，形成了今天我们见到的胶州湾。无奈，洪州人不得不携家带口，老幼相扶，投奔胶州去了。至今，在胶州一带还流传着"沉了洪州，立了胶州"的说法。

人总说每一个流传在世间的传说，绝非是没有缘由、不见根本的胡编乱造而成的，不管它是神话也好、奇闻也罢，真真假假、假假真真，精彩纷呈、高潮跌宕的背后，都一定有它生成的根据或者线索，就如同上面这个关于洪州的故事一般。

后来，我仔细查找、翻阅资料，终于在 1947 年出版的《青岛指南》上，觅得了这样的一段记载：

东大山在阴岛（今红岛）之极东，东大洋村东南，滨海耸立，气象巍峨，相传为古洪州，西关有城墙遗址。农民屡于山上拾得盉顶、甲片及金钗等物……东大洋村有毛岛孤悬海中，上有古井一口，水味清冽，闻系古洪州西门，但代远年湮，城舍荡然，相传明以前即有之。

这段文字不正好说明了这个古老的传说，其实并不是谁人一时兴起而凭空捏造。根据当地一些老人的回忆，就在十几年之前，在沙岭庄一带的外海中，真的曾经有人不止一次地在海滩上捡到过"秦砖汉瓦"和一些宋代瓷器。

传说，无疑再次证实了青岛城与海上丝绸之路之间那一份紧密的联系。

# 第十五章 蓬莱——在登州日出中寻找旧时烟尘

　　蓬莱位于胶东半岛的最北端，黄海与渤海的南首，东与烟台、西与龙口、南与栖霞交界。历史上分别为古莱州、登州之地。由于它所处地理位置十分重要，在古代曾是我国的东方门户，"海上丝绸之路"最早的对外开放港口，自秦汉时即成为东方海上丝绸之路的重要锚泊地，隋唐时登州港商贾云集，"日出千杆旗，日落万盏灯"。蓬莱与东南沿海的扬州、明州（宁波）、泉州并称的四大古港，也是沿海南北航行的要冲和通往日本、朝鲜的起航点。

一

蓬莱,古称登州,为历朝历代无数人望海祈仙的所在之处,据说,蓬莱这个神山名与秦始皇有关。秦始皇于此挥鞭兴叹,年华易逝而仙踪难觅,于是便有了徐福以及数千童男童女登船东渡求仙问药的故事。

相传,很早之前,渤海之中仁立着三座神山,山上物色皆白,黄金白银为宫阙,珠钎之树皆丛生,华实皆有滋味,吃了能长生不老。秦始皇统一六国后,为求大秦江山永固、个人长生不老,便慕名来到这里寻找神山,求长生不死药。他站在海边,眺望大海,只见海天尽头有一片红光浮动,便问随驾的方士那是什么,方士回答:“那就是仙岛。”秦始皇大喜,又问仙岛叫什么名。方士一时无法应答,忽见海中有水草漂浮,灵机一动,便以草名“蓬莱”做了回答。“蓬莱”者,“蓬草蒿莱”也。

实际上,早在秦始皇之前,“蓬莱”神山的名字早已经被传颂开了。成书于战国时代的《山海经·海内北经》中就有“蓬莱山在海中”的句子;《列子·汤问》中亦有“渤海之东……有五山焉,一曰岱舆,二曰员峤,三曰方壶,四曰瀛洲,五曰蓬莱”的记载。

关于“蓬莱”的典故,还有唐代杜佑在《通典》中的记载:“(汉)武帝于此望海中蓬莱山,因筑城以为名”,说的是公元前110年至公元前89年,汉武帝曾七次巡海,东巡至蓬莱,齐人“上疏言神怪、奇方者以万数”,汉武帝“乃益发船,令言海中神山者数千人求蓬莱神人”。后又派出数千人的船队,并要“欲自浮海求蓬莱”。公元前105年,汉武帝再临渤海,“将以望祀蓬莱之属,冀至殊庭"❶。企料望神山而不遇，于是便下令筑一座小城，命名为"蓬莱"，聊以自慰。据清代《蓬莱县志》载，蓬莱旧城鼓楼（址在今画河桥西50米处）的前身，为古城东门，名"望仙"，是汉武帝当时登临望海处。于是烟雾缭绕的蓬莱山，让同样渴求长生不老的汉武帝遥遥眺望，感叹着仙踪茫茫独不知青丝渐老、人间迟暮。

在诸多关于蓬莱城的历史记忆之中，蓬莱古港是最为瞩目的一处。蓬莱古港位于山东半岛最北端，蓬莱城北丹崖山下，北距庙岛群岛6海里，扼渤海海峡之咽喉，是我国古代重要的贸易港。

千年古港，历经沧桑，如今风韵犹存的蓬莱港，其悠久历史真是说不尽道不完。早在春秋战国时期，这里便扬起了风帆，谱写了一篇华章。那时候，素有"海王之国"之称的齐国，已经在这里通商贸易，踏出了一条外交航线。秦朝时期，传说"千古一帝"秦始皇曾多次巡幸于此。顺着时光隧道继续寻觅，来到盛世汉代，蓬莱港也可谓容颜焕发、生机勃勃。它一改过去的朴素，浓妆艳抹，"丝竹笙歌，商贾云集"，摇身一变成为东方海上丝绸之路的起航之地，开始向世界展示盛世中华的无限魅力。

已然一派贵气的蓬莱港，自然不愿卸下自己精心装扮的华服艳饰，而是愈发地精雕自己，使自己光鲜无限、流芳百世。这不，在唐代，蓬莱港便平步青云，登上了"唐代北方第一港"的宝座。唐中宗神龙三年（707年）时，朝廷鉴于蓬莱港日益重要的外交作用，便将登州治所从牟平迁到了蓬莱，自此，蓬莱港便有了另外一个名字——登州港。深得朝廷厚爱的蓬莱港，"帆樯林立，笙歌达旦"，俨然渤海岸边的一颗"东方之珠"。繁忙的商业贸易使得蓬莱港人气爆棚，精细的船只制造工艺又使得蓬莱港英气逼人。随手翻翻凝聚蓬莱往事的《登州古港史》，不难发现唐朝时期的蓬莱港在九州华夏的核心形象："唐代，登州港同我国东南沿海的泉州、扬州、

---

❶ 司马迁：《史记》卷十二《孝武本纪》，北京：中华书局，1959年，第481页。

明州，并称中国的四大港。"

严格地讲，蓬莱古港最早是一个自然港湾，历经多次修建，逐步形成规模，到707年，登州治所迁至蓬莱后，称为"登州港"。❶

作为东方海上丝绸之路的起点之一，蓬莱古港是我国北方最大的对外通商口岸和南北海运及贸易活动的枢纽港，是中国对外交流的桥头堡，沿岸皆水榭，丝竹笙歌起，商贾云集处，富甲六郡羡。昔日古港的十里繁华，是极为震撼人心的，于是后来，便有了"日出千杆旗，日落万盏灯"的生动写照。

每一人都有属于自己的成长历程，而每一座城的演变，也是一样的。蓬莱水城在唐代以前是一座天然良港。

然而，清闲的日子还没享受多久，蓬莱港便不得不战事再起。因为北宋庆历初年（1041年），北宋政府为了防御北方契丹族的入侵，便在此建了一处水军基地，"停泊战舰，操练水师"，人称"刀鱼寨"。"刀鱼寨"的筑建者可谓用心良苦，充分利用了蓬莱港附近的天然优势，使得这处军事基地拥有了"进可以战，退可以守"的功能。就这样，蓬莱港便变身军事要塞了，一直持续到北宋熙宁七年（1074年）。那年，朝廷下令将蓬莱港封港禁航。随着这一道禁令，蓬莱港渐渐萧条、沉寂、衰落。

到了元代，沉睡多年的蓬莱港再次被唤醒，它开始承担起输送粮食的重任。据史料记载，那时的蓬莱港，舟船络绎不绝，每年有二三百万的粮食在这里转运。或许这段海运漕粮的日子是蓬莱港任务最轻松的时光，因为不久它便又一次被赋予军事港口的身份，又一次经受血雨腥风的考验。明代，倭寇不断来袭，朝廷为了抵制外患，便在元代"刀鱼寨"的基础上修葺蓬莱水城，名曰"备倭城"。自此，这里佳讯不断，尤其是民族英雄戚继光的英雄事迹更是为后

---

❶ 朱龙、董韶华：《登州港与东方海上丝绸之路》，《中国海洋大学学报》（社会科学版），2004年第4期。

人津津乐道。此后，蓬莱的辉煌历史也渐渐落下帷幕，漫漫清代，蓬莱港没有再次繁兴起来。

碧波、绿柳、海天相接……站在蓬莱水城的一角之上放眼观望，看游人如织的蓬莱阁，看一城烟波浩渺，回头再看看那些被游人一路脚踏，磨得光滑的石阶；伸出双手，触摸一下那一堵堵历经沧桑的古墙，我不由自主地闭上双眼，一路畅想，眼眸中掠过的是蓬莱城中那些曾经经历过的历史与繁华。

尽管如今已是岁月流转，时代变迁，海上丝绸之路上的诸多史迹，或许早已被历史尘埃所湮灭。但是蓬莱水城体现了古代登州港在对外交往过程中发挥的重要作用。海上丝绸之路的文化遗存，是历史上先民开辟"海上丝绸之路"遗留的智慧结晶，在当前是我们申报世界文化遗产的载体，同时也是我们研究"海上丝绸之路"珍贵的实物资料。在反映东西方文明对话的港口建设、海外贸易、文化交流等诸类遗存中，港口遗存无疑以最直接、最真实、信息量最多而不可为其他遗存所取代。然而，无论是古代第一大港广州，经久不衰的宁波，还是盛极一时的泉州，古代港口均已荡然无存。唯蓬莱水城尚保存完整，并基本保留宋代建筑风格，水城内主要建筑有：水门水闸、防波堤、平浪台、码头、炮楼、灯楼、护城河和水师营地。水城虽然经历了900多年风雨的侵蚀和冲刷，但仍然十分坚固，昔日的雄伟气势丝毫未减。当人们从丹崖往下看时，水城有"断崖千尺，下临天地"之势。除却登州古港之外，那些被发掘出土的古船遗物、登州水道、龙王宫、天后宫、基督教圣会堂等历史遗留下来的痕迹，也同样是蓬莱城海上丝绸之路曾经兴盛的见证。

时至今日，始建于清同治七年（1868年）的古代登州港为航船夜间行船导航用的航标灯塔——蓬莱阁普照楼依旧屹立，任由时空转换，航标灯塔依旧每夜点亮，斑驳光影一直映照进时空的长河，将蓬莱港的前世今生的历程装点得格外明朗。

　　登州港是山东半岛最北端的海港。它坐落于小海湾中，南有庙山，东有高台地掩护，北临大海，西北有丹崖山、田横山，西南有紫荆山屏障，自然环境堪称优越。同时，登州古港有众多的海岛可供接力和中转，特别适宜古代沿岸逐岛推进的航行，以及为南来北往的船只提供掩护和补给。这里紧紧连接着辽东半岛，之后辗转至朝鲜半岛、日本列岛的古代航线——登州水道，航行条件特佳。正是有了如此的支撑，才使得蓬莱城在中国古代之时便已经成为中国与东北亚官方交往中不可或缺的登陆港和始发港。

　　我们总说，一个人的自身如果真的足够优越，便会被身边的人所期待和重视。其实，这样的一句道理，同样适用于一个地域。

　　蓬莱城由于自身所拥有的优越地理位置，历来便成为连接东北亚交流的纽带，更因如此，蓬莱城在历朝历代都受到高度重视。史载，唐代自日本经朝鲜至中国的这条航线称"登州入海高丽、渤海道"，登陆点即在蓬莱港，如果是商船还可从这里南下到楚州、扬州、明州等地。隋至明末，朝鲜、日本使节共有65次在登州港登陆的记录。较著名的人有：日本天台宗山门派创始人圆仁、韩国华严宗祖师义湘、韩国汉文学的开山鼻祖崔致远、朝鲜理学之祖郑梦周。7世纪中叶，蓬莱还住有不少新罗商人，他们聚居的街巷叫"新罗坊"，接待他们的驿馆叫"新罗所"，主管与新罗贸易的机构叫"构当新罗所"。有的新罗商人还在登州长期侨居。

　　当年，日本著名高僧圆仁大师跟随"遣唐使"先后在唐朝游学九年，学习佛法，期间就在登州居住了两年。圆仁大师所著的《入唐求法巡礼行记》卷二中如此记载：

　　二日，平明发，行廿里，到安香村庭彦宅斋。行廿里到登州，入开元寺宿。

　　登州都督府城东一里，南北一里。城西南界有开元寺。……城下有蓬莱县开元寺，僧房稍多，尽安置官客，无闲房，有僧人来，

无处安置。❶

圆仁大师的这部《入唐求法巡礼行记》与玄奘的《大唐西域记》、马可·波罗的《马可·波罗游记》并称为"东方三大旅行记"，是中日两国文化交流史上的一部珍贵文献，书中对登州的地方行政、经济等，都有详细的记载。

## 二

非常喜欢意大利作家伊塔洛·卡尔维诺说过的这段话：

这都是为了让马可·波罗能够解释，或者自己想象解释，或者被想象成解释，或者终于能够解释，他所追寻的永远在自己的前方，即使是过去的，也在旅行过程中渐渐变化，因为旅行者的过去会随着他的旅行路线而变化，这并非指每过去一天就补充一天的最近的过去，而是指最遥远的过去。每到一个新城市，旅行者就会发现一段自己未曾经历的过去：已经不复存在的故我和不再拥有的事物的陌生感，在你所陌生的不属于你的异地等待着你。❷

时间总是从不停歇，不停流逝的同时也在不停地改变着一切，人、事、物无一得以幸免。而正因为如此，我们的经历和故事才会精彩纷呈，在游走之中改变，在游走之中收获，即使是那些残旧得长满青苔的城墙以及流传于老人口中、早已诸多口误的传说，都能使你我有一种前所未有的、崭新的陌生感。

站在蓬莱城的土地之上，迎面吹来阵阵咸咸的海风，当满头的长发被海风撩动，飘扬纷飞之时，那种陌生感尤为明显，凝视着眼

❶ 圆仁：《入唐求法巡礼行记》，顾承甫，何泉达点校，上海：上海古籍出版社，1986年，第85、86页。

❷ 伊塔洛·卡尔维诺：《看不见的城市》，张宓译，南京：译林出版社，2012年，第26—27页。

前的一湾蔚蓝，我的心便紧紧地与那些旧时的传说融在了一起。

<h1 style="text-align:center">三</h1>

在我的印象中，蓬莱总是比其他的城市多了几分神秘的色彩，这或许同它本身的地名从诞生那一刻起，就与神仙文化结下了不解之缘，成了"仙境"的代名词有着莫大的关系吧。于是你在蓬莱城中，便常常可以听到种种关于帝王寻仙求道的传说。

那日与友人以秦始皇为例谈及隐藏于帝王背后寻仙的种种原因，总是觉得其间藏于深层的原因与社会、政治以及个人的因素有关。但是这却也同我国古代发达的航海事业以及造船工业有着莫大的联系。

因为你我皆知，秦汉时期是我国封建社会处于初步巩固和发展时期，特别是秦始皇统一了中国，结束了诸侯割据、混战、分裂的历史，建立了中央集权的封建帝国，成就了一项具有划时代意义的伟业。随着国家的统一，人民生活拥有了一个较安定的环境，于是水陆交通也因此达到一个前所未有的水平。

秦时，我国的国土东临大海，自北往南为渤海、黄海、东海、南海，为航海业提供了极为有利的地理条件。随着冶铁技术的提高，社会生产力有了进一步发展。贸易的发展也对造船业提出了更高的要求，造船业的进步为海上寻仙活动提供了基本的物质条件。海上寻仙活动反过来又促进了造船业的飞速发展。

向来于世界各地之中，皆有人以"世界最进步的船匠"来称誉我国的船工，因为早在汉代时，我国造船规模、船只大小、数量和质量在世界上便已经是首屈一指了。到 7 世纪时，我国海船就以体积大、载货量多、抗风力强闻名于世。9 世纪中叶以后，远洋船队便开始日益频繁地出现在波涛千顷的大洋上。

如今蓬莱登州古船博物馆中，完整地陈列着各式各样的元代古战船、宋元两代的石碇木和明代紫檀木舵杆等。馆内各个历史时期的代表性船舶模型有 50 多只，以及 5000 年前的独木舟、东汉斗舰、隋代木舟、唐代游舫、明代郑和宝船、清代快船等船模 20 余只。这些船模系统生动地体现了中国古代造船技术的发展历程和航海事业的蓬勃发展。

# 四

远眺的双眸，紧闭的嘴唇，昂起的下巴，抱立的双臂，倨傲矜持、不言苟笑。年轻、潇洒的男子衣袂飘逸地立于一旁，凝视着身边正跨骑于马上仪态从容的女子，只见她一手轻牵马绳，巧笑倩兮、轻松俏丽，一个淡淡的笑容，便将刚柔并济、静中有动的风韵展现得淋漓尽致……只是瞬息之间的一个凝眸而已，飘逸的男子与俏丽的女子便仿佛成了画中之人，穿越千年翩跹而至，将原本逝去的时空再次呈现在你我的眼前。

在蓬莱博物馆中，这两件精美的唐三彩人物瓷器让人为之深深沉迷。

众所周知，瓷器不仅是人民日常生活的用品，也是我国古代劳动人民的重大发明。谢肇淛在《五杂组》记载：

今俗语窑器谓之"磁器"者，盖河南磁州窑最多，故相沿名之，如银称"朱提"，墨称"隃麋"之类也。❶

从唐朝开始，中国陶瓷便已开始输出到国外，在埃及的福斯塔特城中，考古学家发现了许多来自中国的陶瓷碎片，日本学者小山

❶ 谢肇淛：《五杂组》，上海：上海书店出版社，2001 年，第 245—246 页。

富士夫甚至从中拣出越窑青瓷六百多片以及数量不少的唐代白瓷和三彩陶器。

在诸多从唐朝起运往世界各地的中国瓷器中，有相当一部分是从登州港运往海外的。其主要的原因是，隋唐时期，登州之地已经是胶东地区的交通枢纽以及北方最大的造船中心，它的位置极为关键，对内是东吴运稻至幽燕的中转站，对外是中、日、韩互派使节进行贸易的重要商港。且唐朝时，中国文化深受海外诸国特别是日本、新罗的向往和仰慕，很多使节、客商、僧侣通过胶东地区的海上航路来到中国，随着中外贸易商贾的频繁往来，大量的精品瓷器、陶器和铜器被运往世界各地，并因此而家喻户晓，享誉海内外。

675年，新罗在唐朝的帮助下，统一了朝鲜半岛，新罗由此与唐朝建立了十分密切的联系，两国之间对于海外贸易往来都尤为重视，因此双方贸易发展极快。新罗商人给唐朝运来了土特产品，又从唐朝贩回丝绸、瓷器、茶叶、书籍等物品。在新罗商人中，往返登州的次数最多，著名商人张保皋是其中的杰出代表。他拥有一支规模庞大的贸易船队，将新罗生产的金银工艺品、药草等抵运登州，再由此转销内地。同时，把从南方和内地换回的茶叶、丝帛、瓷器等由登州转运至新罗，并远销日本。

很遗憾我未能够亲身感受当时那种繁华与激动人心的场面，因为时间的脚步总是匆匆，已经过去的，就将永远被铭刻在历史长河的彼岸，我们无法重回其境，唯有缅怀。

但是值得庆幸的是，虽然我们回不去了，但是诸多年来，却一直都在发现，发现那些曾经属于过往的点滴线索，这些线索的发现与被发现，都是一种力证，证明那段往昔的存在以及重要性。

1984年，考古专家们对蓬莱水城小海进行了一次大规模清淤挖掘工作，发现了日本明正天皇（1629—1643年）江户时代的货币"宽永通宝"5枚，币文为正楷体，这反映了明末我国与日本密切的经济贸易关系。

此外，那些在世界各地陆续被发现出土的中国古瓷器，是历史从来都不肯遗忘、不肯放弃的点滴记忆。这些古瓷器之中，时间最长、年代最早的大约可以追溯到汉朝时期，而元朝、明朝时期的陶器数量当为之最，占被发现总数的 80%，元代瓷器的品种以浙江的龙泉窑为主，明代瓷器则以景德镇民窑为主。1976 年，韩国在木浦市海域所发现元代沉船之中，打捞出中国青瓷、青白瓷、黑褐釉瓷和白地彩绘瓷 600 余件，多为景德镇瓷器，在日本、朝鲜也发现有景德镇的瓷器……这些珍贵的古瓷器，当初虽并不全都是从登州古港运出去的，但是却足以证明它们同海上丝绸之路以及登州古港乃至海上丝绸之路沿途城市之间密不可分的关系。

# 后 记 铭记——那些有故事的曾经

时至今日，仍然有一本书让我时时铭记，那就是余秋雨老师的《游走废墟》。还记得那些无忧无虑地捧着书本心怀梦想的岁月吗？一遍一遍地翻读，一遍一遍地幻想。正因为这样的一本书，才有了我后来一心想要行走的梦想。

回过头来，看看自己走过来的三分之一多一点的人生吧。在很多阴差阳错发生的同时，也铸就了许许多多的歪打正着。

比如，我原本一心想学着阿爹，当一名能在舞台之上的伶人花旦，却没想到一番起起落落之后，花旦没有当成，我却成了幼儿园里头一名整日扮演鸡妈妈的幼儿教育工作者。至今想不明白为什么自己的理想与现实会有这么大的反差。但是想想，或者这也算是一种互补吧。我当不成花旦，演不成戏剧，却有了每年累加起来长达三个月的寒暑假，足以让我在这三个月的假期里头，随时随地地背起行囊来一场说走就走的旅行。

其实，这样也不错的。我常常对自己这样说。

这几年来，我又多了一个身份，那便是我成了一个写作的人。从2013年第一本作品《戏里戏外看甄嬛品古诗词的意境》开始到现在，三年的时间里头，我写了总共九部手稿，其中四部已出，还有三部也将陆续问市。

很多人问我，整天一人分饰多个角色，累么？时间足够么？这样的问题，我总是不知道该用什么样的言语来回答才好。

当然累了，怎么可能不累呢？有时候累得看着手提电脑，人就直接趴在上头呼呼大睡，一直到了夜深人静，忽然醒来，才知道自己还有既定的章节没有写完。有时候很想和朋友一起到户外走走，可是却也只能在心里头稍作想想便作罢，为的是能够在自己预定的时间内完成自己必须要写完的作品。

但是，尽管如此，我却依旧觉得自己累得很开心。因为我比别人多了一种能力，那就是可以用笔来记录发生在每一座城市之中，或者每一个人身上的各种各样的故事，并以此将之深藏在心里，铭记一辈子。

《从丝绸之路到一带一路丛书》之《海上丝路——有故事的城》，很喜欢这本书的名字，也为自己能够有机会编撰这样一个题材而感到荣幸。

自从习近平总书记在 2013 年 9 月和 10 月先后提出了建设"新丝绸之路经济带"和"21 世纪海上丝绸之路"的战略构想之后，便引起了国内外相关国家、地区乃至全世界的高度关注和强烈共鸣。之所以产生如此巨大的效果，就在于这一宏伟构想有着极其深远的意义，蕴藏了无限的机遇。

海上丝绸之路作为一项持续时间 2000 多年、范围覆盖大半个地球的人类历史活动和东西方文化经济交流的重要载体，多起点、多航线，具有不同历史年代的地位和作用，是一笔极为珍贵的历史遗产，1992 年，泉州开始筹划"申遗"，2001 年上报国家文物局。2003 年，国家文物局同意广州等地递交的捆绑"申遗"方案。2006 年 12 月，泉州、宁波、广州三城列入世界文化遗产预备名单。至 2012 年 11 月，联合申报城市数扩增至 9 座城市，并再次被列入世界文化遗产预备名单。截至 2014 年，海上丝绸之路申遗共计 9 座城市，50 个遗产点。根据申遗日程，2015 年完成准备工作，2016 年正式送交世遗大会审议。

能够在这部作品之中将自己一路收集来的种种关于海上丝路之中发生过的、极富历史意义的城市的故事、传说、人文以及历史，罗列讲述出来，以一种唯美、朴实，充满励志与正能量的笔触，向人们讲述这一路之中那些美好的、意味深重的历史足印。我觉得是我自己此生无尽的荣幸。

也希望通过这样的一本作品，能够结识到更多与我一样喜欢"海上丝绸之路"这一段辉煌历史的朋友们。但愿我们可以跨越天南地北的屏障，在文字的海洋中，在书香的陪衬下，惺惺相惜，结伴前行。用我们这一生所有的真诚，去铭记那些有故事的曾经……

感谢中国丝绸网、百度、360 百科、中国知网、万方数据等各大中文文学网站。

感谢汕头大学文学院的各位老师、各位热心网友及研究中国海上丝绸之路的各位专家学者和爱好者们提供的各类相关文学资料、历史资料以及意见、见解。

感谢每一位热爱文学、珍爱文字的读者。

热爱，是对中华传统优秀文化最好的传承。实现"两个一百年"奋斗目标、实现中华民族伟大复兴的中国梦从你我做起……

杨冬儿

2016 年 1 月 2 日 汕头

# "中国古代海上丝绸之路"的历史演变

## 秦代

海路西探，到达东南亚诸国，并且到达印度。

秦灭六国后，开始着手平定岭南地区的百越之地。于公元前214年由秦将任嚣和赵佗完成平定岭南的大业。秦在岭南设南海郡、桂林郡、象郡三郡，并以南海郡为中心逐步发展起繁荣的岭南经济圈。秦末北方征战不休，岭南地区由赵佗统治史称南越国，是当时少有的和平地区。

公元前206年汉立国，汉高祖为实行休养生息政策，与南越国议和，两国得以发展经贸。公元前195年高祖驾崩，吕后摄政与南越国发生冲突，双方在南岭发生激战，战局僵持。当时岭南地区主要出产丝绸类纺织品，赵佗为寻找重要的军需物资铁资源开始谋求海上路线通往西方国家开展贸易。广州南越王墓中出土的希腊风格银器皿以及南越国宫殿遗迹发掘出来的石制希腊式梁柱就是相当好的证明，证实了秦末汉初海上丝绸之路已经诞生，岭南地区向西方输出丝绸以换取各种物资，并且有希腊工匠来到中国参与了南越王宫殿的建造。

# 两汉

最早、最详细记载海上"丝绸之路"航线的是著名的《汉书·地理志》。汉武帝平定南越后，即派使者沿着百越民间开辟的航线远航南海和印度洋，经过东南亚，横越孟加拉湾，到达印度半岛的东南部，抵达锡兰（今斯里兰卡）后返航。汉武帝时期开辟的航线，标志着海上丝绸之路的发端。而早在此前，便已有东海与南海两条起航线。海路西达印度、波斯，南及东南亚诸国，北通朝鲜、日本。

东汉时期，"至桓帝延熹九年（166 年），大秦（罗马帝国）王安敦（Marcus Aurelius Antoninus，161—180 年）遣使自日南徼外献象牙、犀角、瑇瑁，始乃一通焉"❶。这是历史记载的中国与罗马帝国第一次海路往来。

中国商人运送丝绸、瓷器经海路由马六甲经苏门答腊来到印度，并且采购香料、染料运回中国，印度商人再把丝绸、瓷器经过红海运往埃及的开罗港或经波斯湾进入两河流域到达安条克，再由希腊、罗马商人从埃及的亚历山大、加沙等港口经地中海海运运往希腊、罗马的大小城邦。

# 三国

三国时期，东吴雄踞江东，竭力发展经济，开创造船业，训练水师，以水军立国，并派遣航海使者开发疆土，与外通好。东吴时期因为同曹魏、刘蜀在长江上作战与海上交通的需要，积极发展水军，船舰的设计与制造有了很大的进步。孙权设置典船都尉，专门管理造船工场。孙吴所造的船，主要为军舰，其次为商船，数量多，船体大，龙骨结构质量高。最大战舰可载三千士兵，有上下五层，雕镂彩画，非常壮丽，续航能力强。载马八十匹的海船称小船。

---

❶ 范晔:《后汉书·西域传》，杭州：浙江古籍出版社，2000 年，第 853 页。

孙吴武装船队出海百余艘，随行将士万余人，北上辽东、高句丽，
南下夷州（今中国台湾）和东南亚今越南、柬埔寨等国，吴国灭亡时，
有战船、商船等 5000 多艘。据学者考证，当时孙吴已发明了原始水
密隔舱。孙吴发达的造船业为后世出海远航提供了更为有利便捷的
条件，由于航海术的提高，孙吴多次派使者出海远航，成为开拓性
的壮举。东吴黄武四年（225 年）扶南（今柬埔寨）国王范旃遣使
来吴国，历时四年，在 229 年到达东吴，献琉璃。孙权派遣中郎康
泰出使扶南国。黄武五年（226 年）大秦商人到交趾、吴国首都建业（今
南京）。法显陆上西行，海上归国，由印度多摩利底经狮子国、耶
婆提，到山东牢山。

## 两晋、南北朝

两晋南北朝时期，是海上丝绸之路的拓展时期。在这一时期，
广州已成为计算海程的起点。通过广州来中国经商的国家和地区增
加至 15 个。

## 隋、唐、五代

与中国通商的国家：赤土（今马来丰岛宋卡一带）、丹丹（今
马来西亚吉兰丹州）、盘盘（今泰国万仓、斜仔附近）、真腊（今
柬埔寨）、婆利（今加里曼丹岛上）等。

中唐之后，西北丝绸之路阻塞，华北地区经济衰弱，华南地区
经济日益发展，海上交通开始兴盛。与中国通商的国家：拂菻（东
罗马帝国）、大食（今阿拉伯地区）、波斯（今伊朗）、天竺（今印度）、
狮子国（今斯里兰卡）、丹丹、盘盘、三佛齐（南朝时叫干陀利，
唐代叫室利佛逝，今印度尼西亚苏门答腊）。

航路：由泉州或广州起航，经过海南岛、环王国（即林邑，在
今越南中南部）、门毒国（今越南归仁）、古笪国（今越南芽庄）、

龙牙门（今新加坡）、罗越国（今马来半岛南部）、室利佛逝（今印度尼西亚苏门答腊）、诃陵国（今爪哇岛）、固罗国（今马来半岛西岸之吉打）、哥谷罗国（今马来半岛吉打西部）、胜邓国（今印度尼西亚苏门答腊岛北部东海岸）、婆露国（即婆鲁师洲，在今印度尼西亚苏门答腊岛北部西海岸大鹿洞附近）、狮子国（今斯里兰卡）、南天竺（南印度）、婆罗门国（古印度）、新度河（印度河）、提罗卢和国（今波斯湾内伊朗西部的阿巴丹附近）、乌拉国（今波斯湾头之奥布兰，在巴士拉的东方）、大食国（今阿拉伯地区）、末罗国（今伊拉克南部的巴士拉一带，是大食国的重镇）、三兰国（今东非坦桑尼亚达累斯萨拉姆，另一说谓索马里的异译）。同时，唐代即有唐人移民海外。其中，2001年韩国林氏到泉州惠安彭城寻根谒祖更传为佳话，唐林氏始祖渡海韩国繁衍至今120万人。

唐人杜佑对历代南海交通做了个总结：

元鼎（前116—前111年）中遣伏波将军路博德开百越，置日南郡，其徼外诸国自武帝以来皆献见。后汉桓帝时，大秦、天竺皆由此道遣使贡献。及吴孙权，遣宣化从事朱应、中郎康泰奉使诸国，其所经及传闻，则有百数十国，因立记传。晋代通中国者盖鲜。及宋、齐，至者有十余国。自梁武、隋炀，诸国使至逾于前代。大唐贞观以后，声教远被，自古未通者重译而至，又多于梁、隋焉。❶

## 宋代

据中国古典文献记载，在宋元符年间（1098—1100年），中国海船已经用罗针导航，到了明代海船普遍用罗针导航；当时掌管船只航行方向的舟师都备有秘密的海道针经，详细列出从广州或泉州往返西洋各地的针路。

宋朝先后在广州、临安府（今杭州）、庆元府（明州，今宁波）、

❶ 杜佑：《通典》卷188，长沙：岳麓书社，1995年，第2659页。

泉州、密州板桥镇(今胶州营海镇)、嘉兴府华亭县(今松江)、镇江府、平江府(今苏州)、温州、江阴军(今江阴)、澉浦镇(今海盐)和嘉兴府上海镇(今上海市区)等地设立市舶司专门管理海外贸易。其中以广州、泉州和明州最大。泉州在南宋中后期更一跃成为世界第一大港之一、东方第一大港和海上丝绸之路的起点。

与中国通商的国家: 占城、真腊、三佛齐(今印度尼西亚苏门答腊)、吉兰丹(今马来西亚吉兰丹州)、渤泥(今东南亚加里曼丹岛)、巴林冯(今印度尼西亚苏门答腊岛东南岸巨港一带)、兰无里(今印度尼西亚苏门答腊岛亚齐河下游)、底切(今印尼苏门答腊西北)、三屿(今菲律宾吕宋岛)、大食、大秦、波斯、白达(今伊拉克巴格达)、麻嘉(今沙特阿拉伯麦加)、伊禄(在今伊拉克境内)、故临(今印度西南沿岸奎隆一带)、细兰(今斯里兰卡)、登流眉(今泰国南部马来半岛洛坤附近)、中理(今非洲索马里)、蒲哩鲁(今菲律宾马尼拉)、遏根陀国(今埃及亚历山大港)、斯伽里野(今意大利西西里)、木兰皮(穆拉比特王朝,今西北非及伊比利亚半岛南部)等总计58国。出现了《岭外代答》《诸蕃志》等记载与中国通商国家情况的专著。

## 元代

元世祖忽必烈在位时由于连年对外征战和失败,因而先后进行了四次海禁。第一次海禁发生在至元二十二年(1285年)年初。第一次海禁从1292年(世宗至元二十九年)到1294年(世宗至元三十一年)止。第二次海禁1303年(成宗大德七年)到1308年(武宗至大元年)止。第三次海禁从1311年(武宗至大四年)到1314年(仁宗延祐元年)止。第四次海禁从1320年(仁宗延佑七年)到1322年(英宗至治二年)结束。1322年复置泉州、庆元(宁波)、广州市舶司,之后不再禁海。

与蒙元通商的国家：三岛（今菲律宾巴丹群岛）、民多朗（今越南潘朗）、真腊、无枝拔（今马六甲）、丹马令（今马来半岛南部）、日丽（今越南中部）、麻里鲁（今菲律宾马尼拉）、彭亨（今马来西亚彭亨州）、吉兰丹（今马来半岛吉兰丹）、丁家卢（今马来丰岛东岸）、八都马（今缅甸莫塔马）、尖山（今马来西亚）、苏禄（今菲律宾苏禄群岛）、班卒儿（今印度尼西亚苏门答腊岛西北部沿岸）、文老古（今印度尼西亚马鲁古群岛）、灵山（今越南东南部的华列拉岬）、花面国（今印度尼西亚苏门答腊岛北部）、下里（今印度喀拉拉邦坎纳诺尔附近）、沙里八丹（今印度东岸的讷加帕塔姆）、土塔（今印度的讷加帕塔姆）、忽厮离（今伊拉克摩苏尔）、假里马打（今加里曼丹岛西南）、古里佛（今印度西南部）、放拜（今印度孟买）、万年港（今文莱港）、天堂（今沙特阿拉伯麦加）、忽鲁谟斯（今霍尔木兹附近）等200多个国家和地区。

中国商人汪大渊，由泉州港出海航行至埃及，著有《岛夷志略》一书。元代后期，泉州出现亦思法杭兵乱。明初海禁，加之战乱影响，泉州港逐渐衰落。

## 明代

明太祖洪武三年（1370年），为了抵制蓄货，"罢太仓黄渡市舶司"。洪武七年（1374年），撤销泉州、明州、广州三个市舶司。洪武十四年（1381年），以"倭寇仍不稍敛足迹"为由，禁濒海民私通诸国。洪武二十三年（1390年），再次发布"禁外藩交通令"。洪武二十七年（1394年），下令一律禁止民间买卖及使用舶来的番香、番货等。洪武三十年（1397年）再次发布命令禁止下海通番。

明朝法律规定了严酷的违反禁海令处罚办法："若奸豪势要及军民人等，擅造三桅以上违式大船，将带违禁货物下海，前往番国买卖，潜通海贼，同谋结聚，及为向导劫掠良民者，正犯比照谋判已行律处斩，仍枭首示众，全家发边卫充军。其打造前项海船，卖与夷人图利者，比照将应禁军器下海者，因而走泄军情律，为首者处斩，为从者发边充军。"❶"敢有私下诸番互市者，必置之重法，凡番香、番货皆不许贩鬻，其现有者限以三月销尽。"❷

从明太祖洪武元年（1368年）发布第一个禁海令，到永乐二年（1404年）永乐帝下令禁民间海船，原有海船者悉改为平头船。再到明穆宗隆庆元年（1567年）废止海禁时止，期间接近两百年之久，这段时代，正值葡萄牙、西班牙开始大航海运动的时候。1557年葡萄牙人已经来到大明国门口，建立了澳门殖民地。

郑和下西洋时，到过：占城、爪哇、旧港、满刺加（今马来西亚的马六甲州一带）、哑鲁（今印度尼西亚苏门答腊岛东岸）、苏门答腊、那孤儿（今苏门答腊西境）、渤泥、小葛兰（今印度奎隆）、彭亨、锡兰山（今斯里兰卡）、三岛、苏禄、吕宋、溜山（今马尔代夫）、打歪（今缅甸土瓦）、八都马（今缅甸莫塔马）、柯枝（今印度柯钦古里）、南巫里（今印度尼西亚苏门答腊岛西北角）、古里（今印度半岛西岸）、坎八叶（今印度西部坎贝湾一带）、木克郎（伊朗南部和巴基斯坦西南部沿海区域）、阿拨巴丹（今印度半岛南部东岸）、阿丁（亚丁）、天方（阿拉伯半岛）、米息（指埃及）、麻林地（今非洲东岸肯尼亚的马林迪一带）、忽鲁谟斯、祖法儿（阿拉伯半岛东南海岸）、木鲁旰（今索马里梅尔卡，位于摩加迪沙以南）、木骨都束（今索马里摩加迪沙）、抹儿干别（今索马里梅雷格）、不刺哇（今索马里布拉瓦）、慢八撒、木兰皮等国。

《明会典》记录了130个朝贡国，其中海上东南夷有62国。

---

❶ 《大明律·问刑条例》，怀效锋校点，北京：法律出版社，1999年，第400页。

❷ 《明实录·太祖实录》，台湾"中央研究院"历史语言研究所影印本，第3374页。

# 清代

清人入关之后，清廷为了禁止和截断东南沿海的抗清势力与据守台湾的郑成功、郑经的联系，以巩固新朝的统治，曾于顺治十二年（1655年）、十三年（1656年）、康熙元年（1662年）、五年（1666年）、十四年（1675年）五次颁布禁海令；并于顺治十七年（1660年）、康熙元年（1662年）、十七年（1678年）三次颁布"迁海令"，禁止人民出海贸易。

1683年清军攻占台湾后，康熙接受东南沿海官员的请求，停止了清前期的海禁政策。但是康熙的开海禁是有限制的，其中最大的限制就是不许与西方贸易。康熙曾口谕大臣们："除东洋外不许与他国贸易"，"海外如西洋等国，千百年后中国恐受其累，此朕逆料之言"❶。而且此时日本的德川幕府为了防止中国产品对日本的冲击，对与清廷的贸易也采取严格的限制。因此，此时的海外贸易与明末相比，已经大为衰弱。

乾隆后期，清廷开始实行全面的闭关锁国政策，一开始是四口通商，到后来只有广州开放对外通商，且由广东十三行垄断其进出贸易。清廷的闭关锁国政策完全阻碍了清国与西方世界的接触，使清国丧失了与世界同步发展的最佳时期，为后来清国的积弱落后埋下隐患。当时西洋的科技发展蓬勃，渐渐地超越了以土耳其（奥斯曼帝国）为首的伊斯兰世界和以清国为首的东方世界。

---

❶ 《圣祖仁皇帝实录》（三）卷二百七十，康熙五十五年十月壬子，《清实录》第6册，第650页。

# 参考文献

［1］班固.汉书 [M].北京：中华书局，1962.

［2］陈真.中国近代工业史资料 [M].北京：生活·读书·新知三联书店，1958.

［3］戴之昂.海上丝绸之路历险记 [M].上海：复旦大学出版社，2008.

［4］董志文.话说中国海上丝绸之路 [M].广州：广东经济出版社，2014.

［5］彭德清.中国航海史（古代航海史）[M].北京：人民交通出版社，1988.

［6］孙光圻.中国古代航海史 [M].北京：海洋出版社，1989.

［7］王洸.中国航业史 [M].大连：海运出版社，1955.

［8］张心澂.中国现代交通史 [M].上海：上海书店出版社，1975.

［9］赵毅，赵轶.中国古代史 [M].北京：高等教育出版社，2002.

［10］朱新予.中国丝绸史 [M].北京：纺织工业出版社，1992.

［11］周敬阳.论秦汉时期岭南海上丝绸之路的三大始发港 [D].华南师范大学硕士学位论文，2007.